Brigitte Vogl-Lukasser

Übern Zaun g'schaut

Brigitte Vogl-Lukasser

Übern Zaun g'schaut

Osttiroler Bäuerinnen und ihre Gärten

Tyrolia-Verlag · Innsbruck-Wien

Inhalt

Garten an der Pustertaler Höhenstraße (Assling)

Einleitung

Das ist ein Buch, das die lokale Geschichte, den Wert und die Schönheit Osttiroler Bauerngärten und die Erfahrungen Osttiroler Bäuerinnen bei der Gartenarbeit darstellt. Zugleich ist dieses Buch auch der Versuch, Wissenschaft – nämlich jene Forschungsarbeit, die von mir über Gärten in Osttirol durchgeführt wurde – für alle Nichtwissenschaftler mit Freude lesbar zu machen.

Dieses Buch ist kein Gartenratgeber, der erklärt, wie ein richtiger Bauerngarten auszusehen hat, anzulegen ist oder bewirtschaftet werden muss, sondern es ist die Darstellung der Gärten Osttirols durch die Bäuerinnen selbst. Wann immer in diesem Buch Meinungen, Empfehlungen und Wertungen wiedergegeben sind, basieren sie ausschließlich auf der Wiedergabe der Aussagen, Erfahrungen und Tätigkeiten der Bäuerinnen.

Warum Wissenschaft in den Gärten der Bäuerinnen

Tief greifende wirtschaftliche und soziale Veränderungen beeinflussen den ländlichen Raum und damit auch die Landwirtschaft. Durch die wissenschaftliche und technische Entwicklung kommen neue Techniken zum Einsatz. Die Kulturlandschaft des Alpenraumes ist dadurch einem starken Wandel ausgesetzt. Eine der tiefstgreifenden Änderungen ist die Mechanisierung der Arbeit im Gebirge. Maschinen ersetzen Handarbeit und schwer mechanisierbare Flächen werden kaum mehr bearbeitet.

Traditionelle Techniken gehen so, kaum hinterfragt und in einem rasanten Tempo, verloren. Die Bewirtschaftung vieler Höfe wird aufgegeben. Ehemals landwirtschaftlich genutzte Flächen werden zunehmend durch Gewerbe oder Industrie genutzt und Neuaufforstungen nehmen zu. Der Anteil der landwirtschaftlichen Bevölkerung an der Gesamtbevölkerung sinkt drastisch. Eine starke Abwanderung aus ländlichen Regionen in die Städte findet statt. Bauernhöfe werden immer größer und vereinnahmen die Fläche von kleinen Höfen. Bäuerinnen und Bauern vor allem der kleinbäuerlichen Landwirtschaft stellen somit in immer mehr Regionen eine Minderheit dar.

Gleichzeitig zum Rückgang der Bedeutung kleinbäuerlicher Landwirtschaft erfahren Bauerngärten in der populären gartenbaulichen Literatur eine zunehmende Wertschätzung. In vielen Gartenratgebern werden die Vorzüge sogenannter traditioneller Techniken, wie die Fruchtfolge oder Mischkultur, sowie die Anwendung von Mulch und Kompost in ihrer Bedeutung hervorgehoben. Die Anlage von Gärten in der Form traditioneller Bauerngärten wird empfohlen. Diese Forderung wird mit der Anlage von Gärten mit hoher Vielfalt an nutzbaren Pflanzenarten, mit der Gestaltung des Gartens durch dekorative Elemente sowie mit einer ökologischen Bewirtschaftung gleichgesetzt.

Aus Gesprächen mit älteren Osttiroler Bergbäuerinnen waren mir – ich bin auf einem kleinbäuerlichen Bergbauernhof in Osttirol aufgewachsen und habe über viele Jahre im Bauerngarten meiner Mutter mitgeholfen – die in der populären Literatur empfohlenen traditionellen gartenbaulichen Techniken aus den bäuerlichen Hausgärten nicht bekannt. Ich war daher neugierig, wie Osttiroler Bauerngärten nun tatsächlich aussehen. So wie der Garten meiner

Mutter oder so, wie es die vielen Gartenbücher beschreiben?

Als Wissenschafterin habe ich erst nach Literatur über Bauerngärten gesucht, wurde dabei aber enttäuscht. Die Pflanzenarten und die Funktionen von Hausgärten, die angewendeten Techniken der Bewirtschaftung sowie die Motivation der Bäuerinnen sind wissenschaftlich kaum untersucht, eher durch Gartenliebhaber romantisch beschrieben. Die vorhandenen Studien lassen keinen Schluss zu, welcher Entwicklung die lokalen Gärten im letzten Jahrhundert ausgesetzt waren.

Mögliche Gründe für die geringe und einseitige Betrachtungsweise in der Wissenschaft sind zum einen die Tatsache, dass die Gärten klein in der Anbaufläche sind, von Frauen bewirtschaftet werden und überwiegend für die Selbstversorgung eine Rolle spielen. Zum anderen werden die Untersuchungen meist auf eine wissenschaftliche Disziplin, meist die Botanik, reduziert. Die Kultur in den Gärten wird dabei übersehen.

Mehrere Fragen waren somit aus der Literatur für mich noch nicht beantwortet. Ist der Bauerngarten ein Kulturgut der bäuerlichen Landwirtschaft Osttirols? Wenn ja, was ist traditionell und was innovativ an den Bauerngärten? Unterliegen die Hausgärten einem ähnlichen Wandel wie andere landwirtschaftliche Betriebszweige? Handelt es sich bei diesem möglichen Wandel um einen Verlust an Tradition, an standortangepassten Anbautechniken, Pflanzenarten und Sorten oder um eine Aufwertung und Weiterentwicklung zugunsten der bäuerlichen Familien?

Landschaftseindruck der Untersuchungsregion (Kartitsch)

Für die Region typischer landwirtschaftlicher Betrieb (Matrei)

Es ist ein Anliegen dieses Buches, diese Fragen zu beantworten und dem Mythos Bauerngarten durch die Antworten der Bäuerinnen auf den Grund zu gehen.

Warum Osttirol?

Ich habe ein Jahr im tropischen Regenwald von Mexiko in einem Dorf indianischer Kleinbauern gelebt. Dort habe ich für meine Diplomarbeit eine Forschungsarbeit über die Hausgärten der Mayas durchgeführt. Bei den Gesprächen mit Bäuerinnen und Bauern in Mexiko wurden mir die Parallelen mit unserer alpinen kleinbäuerlichen Kultur bewusst. Obwohl Vegetation und Kultur in Mexiko ganz anders sind, so sind doch die zugrunde liegenden Handlungsmuster, die für das Leben von Kleinbauern und ihre Selbstversorgung eine Rolle spielen, vergleichbar mit jenen, die ich persönlich und aus den Erzählungen meiner Eltern von Osttirol kannte.

Diese Erkenntnis war ausschlaggebend dafür, dass ich begann, mich für die Gärten in meiner Heimat Osttirol zu interessieren. Angeregt von Professor Harald Bohlhàr-Nordenkampf, unterstützt von meinem Mann Christian R. Vogl und meiner Familie sowie dem Land Tirol und zwei Ministerien konnte ich mich zweieinhalb Jahre mit den Osttiroler Bauerngärten auseinandersetzen. Dass die Ergebnisse spannend sind und dass nicht nur bei fremdländischen Völkern, sondern auch bei den Bäuerinnen zu Hause interessante Erfahrungen und viel Wissen vorhanden sind, soll dieses Buch zeigen.

Was ich hier mit „Gärten der Bäuerinnen“ meine

Unter „Bauerngarten“ ist der Garten in der unmittelbaren Nähe der Wohnhäuser bäuerlicher Familien zu verstehen, der dazu dient, den notwendigen Bedarf der Küche an Gewürzkräutern und Gemüse zu decken. Wegen der Nähe zum Haus wird in der Literatur gern vom Hausgarten gesprochen. In ihm kultiviert die Bäuerin auch Arzneipflanzen und Blumen. Dieser Garten wird so zum verzierten Nutzgarten und wird durch den Zaun aus dem übrigen Kulturland hervorgehoben.

Üblicherweise werden Hausgärten auf landwirtschaftlichen Betrieben als „Bauerngärten“ bezeichnet. Solche Gärten sind in Osttirol aber auch bei nicht bäuerlichen Haushalten zu finden.

Volkstümlich wird der Bauerngarten in Osttirol *Kräutlachgartl* genannt. Heute wird diese Bezeichnung ersetzt durch *do Gorte, 's Gartl, Garschtl, Gemüsegorte, Hausgartl.* Da in den Gärten fast ausschließlich Frauen arbeiten, müssten sie eigentlich *Bäuerinnengärten* genannt werden. Durch diese Bezeichnung könnte die bedeutende Rolle der Frauen für die Bewirtschaftung der Gärten sichtbar gemacht werden.

Von den hier vorgestellten Gärten unterscheiden sich die kleinen Äcker *(Haus-Ackolan),* in denen in der Regel Feldgemüse, aber auch Blumen und Kräuter angebaut werden. Diese sind in etwas größerer Entfernung zum Gehöft anzutreffen, je nachdem, wo ein geeigneter ebener bis leicht geneigter Ort zur Verfügung steht. Sie unterliegen dem Fruchtwechsel und werden maschinell bearbeitet (gepflügt). Hier gibt es im Gegensatz zu den Gärten meist nur einen Saat- und einen Erntezeitpunkt. Diese Äcker sind nicht eingezäunt.

Das Wort Garten, das als Einfriedung gedeutet wird, benennt mit Zäunen eingefangene Plätze. So zählt der Obstgarten *(Oubisgorte)* zu den heute zwar noch anzutreffenden, aber im Verschwinden begriffenen eingezäunten Bereichen in Hofnähe. Ein eingezäunter Krautgarten *(Kobisgorte)* ist heute nicht mehr zu finden. Meist wird Weißkraut im Acker angebaut *(Kobisackole).* Neu hinzu kamen auf vielen Höfen kleine Gärten mit Beerenobst und reine Ziergärten, die aber meist keine Einzäunung aufweisen. Früher wurde das Wort Garten in Osttirol auch für Plätze verwendet, die keine kultivierten Nutzpflanzen schützten, sondern Tiere einhegten, so z. B. *Kälbergorte, Fockengart'l, Schofgorte, Henngorte.* Diese Begriffe sind heute zum Teil noch gebräuchlich.

Bei wem wurden Gärten untersucht?

Für die Untersuchung der Gärten wurden in den Jahren 1997 und 1998 in 12 Gemeinden in Osttirol 196 Bäuerinnen befragt und deren Gärten untersucht. Mit dieser Stichprobe wurden die Hausgärten von circa 20 % aller landwirtschaftlichen Betriebe der Gemeinden dargestellt. Es wurden ausschließlich Erhebungen in Gärten auf landwirtschaftlichen Betrieben durchgeführt. Hausgärten nicht landwirtschaftlicher Haushalte wurden zwar nicht in der Untersuchung berücksichtigt, sie sind deswegen aber mindestens genauso interessant und genauso wichtig.

Die Hälfte der landwirtschaftlichen Betriebe, deren Gärten untersucht wurden, sind Nebenerwerbsbetriebe. Nur 7 % dieser Betriebe sind Talbetriebe, über 80 % der Betriebe liegen in den extremen, für Osttirol typischen Bergbauernzo-

Gemeinden mit der Anzahl der landwirtschaftlichen Betriebe in jeder Gemeinde und der Anzahl der befragten Bäuerinnen sowie der untersuchten Gärten.

	Anzahl landwirtschaftlicher Betriebe in der Gemeinde (Stand 1998)	Anzahl untersuchter Hausgärten	Anzahl in % der lws. Betriebe der untersuchten Gemeinde
Amlach	11	6	55
Assling	128	23	18
Gaimberg	39	8	21
Innervillgraten	98	20	20
Kals	79	18	23
Matrei	190	35	18
Kartitsch	77	15	19
Nikolsdorf	44	8	18
Obertilliach	82	16	20
St. Veit i. D.	50	11	22
Sillian	84	16	19
Virgen	107	20	19
12 Gemeinden	989	196	20

nen 3 und 4. Die meisten besuchten Betriebe sind, wie es für Osttirol kennzeichnend ist, klein strukturiert. Bei der überwiegenden Mehrzahl der Betriebe, auf denen ich die Gärten untersucht habe, beträgt die intensiv genutzte Heimgutfläche (Grünland, Acker, Sonderkulturen) weniger als 10 ha. Auf fast allen untersuchten Betrieben werden Rinder und Schweine, auf mehr als der Hälfte der Betriebe auch Legehühner gehalten. Der höchstgelegene Hof, auf dem ein Garten untersucht wurde (und damit der höchstgelegene Garten), liegt auf 1641 m Seehöhe und der niedrigste auf 600 m Seehöhe.

Das Durchschnittsalter der Bäuerinnen, die von mir über die Bewirtschaftung ihres Gartens befragt wurden, liegt bei 51 Jahren. Bäuerinnen zwischen 40 und 59 Jahren stellen den größten Anteil der Befragten dar. Die meisten der befragten Bäuerinnen leben in Haushalten mit einer durchschnittlichen Anzahl von 6 Personen. Den größten Haushalt haben 2 Betriebe mit jeweils 13 Familienmitgliedern. 2-Personen-Haushalte bilden das Minimum in der Haushaltsgröße (bei 15 Betrieben).

Die Bäuerinnen öffneten bereitwillig ihre Gartentüren für die Befragung (Assling)

Wie wurde in den Gärten geforscht?

Alle Pflanzenarten, die in den untersuchten Hausgärten wachsen, wurden bei drei Besuchen (Frühling, Sommer und Herbst) erfasst. Die Pflanzenarten wurden direkt in den Hausgärten bestimmt und die Bestimmung anhand von Herbarexemplaren (getrockneten, gepressten Pflanzen) überprüft. Für die Bestimmung wurde die im Literaturverzeichnis für die Bestimmung der Pflanzenarten angegebene Literatur verwendet.

Die für die Bewirtschaftung jedes Gartens verantwortliche Person wurde, unabhängig davon, ob es sich um die Bäuerin oder eine andere Person handelt, befragt. Die Fragen bezogen sich auf die Bewirtschaftung des Gartens, die Nutzung der Pflanzenarten, die Herkunft des Saatgutes und alle anderen Aspekte, die in diesem Buch behandelt werden.

In Ergänzung zur Untersuchung der 196 Gärten und zur Befragung der 196 Bäuerinnen, die diese Gärten bewirtschaften, wurden 23 ältere Bäuerinnen über ihre Erfahrungen mit der Gartenarbeit befragt, nicht aber deren Garten untersucht. Ziel dieser Befragungen war, die Geschichte des Gartenbaus in Osttirol zu beleuchten. Die Wohnorte der älteren Bäuerinnen decken sich mit den Gemeinden, in denen die Erhebungen durchgeführt wurden.
Die Kriterien der Auswahl der Gesprächspartnerinnen richtete sich nach ihrem Alter und der Erwartung, dass diese gern von früher erzählen und über das Thema Garten viel zu berichten wissen.

Zur genaueren Darstellung der wissenschaftlichen Methode, der Ergebnisse sowie der Diskussion siehe Vogl-Lukasser (2000).

Merkmale der Gärten

Die Bäuerin als Gestalterin

Was sind eigentlich die zentralen Merkmale, die jene Gärten, die wir in Osttirol antreffen, zu den charakteristischen Bäuerinnengärten machen?

Wer, wenn nicht die Gartenbewirtschafterin, macht den Garten zu dem, was er ist! Prägend und typisch für die Gärten Osttirols ist, dass Gartenarbeit einer der Arbeitsbereiche der Frauen auf den Höfen ist. Sie sind es, die der Natur ein kleines Stückchen Erde abringen, um darauf einen Kulturraum zu schaffen, der durch ihrer Hände Arbeit geprägt ist.

Der Garten kann aber nicht einmal geschaffen werden, sondern muss immer wieder von Neuem erhalten und gepflegt werden. Er existiert nur, wenn die Bäuerin ständig in die natürlichen Prozesse der Natur eingreift. Was passiert mit einem Garten, der nicht laufend liebevoll bearbeitet wird? Die Natur holt ihn sich wieder zurück und der Garten wird durch Gräser, Stauden und Sträucher überwachsen. Die Umwandlung von Naturraum in Kulturraum ist das bezeichnendste Merkmal für unsere Gärten, aber auch für andere Bereiche der Osttiroler Kulturlandschaft.

Wie sich der Garten nach außen präsentiert, wie er bewirtschaftet und genutzt wird, hängt weitestgehend von der Bäuerin ab und wird von ihr selbst bestimmt. Der so zum Leben er-

Diesem Garten fehlt die Gärtnerin, die ihn bearbeitet

Der Garten ist der Stolz so mancher Frau (Obertilliach)

weckte Garten erhält durch das Werken und Wirken der Bäuerin seine typischen Ausprägungen. Dabei handeln die Bäuerinnen nicht nach einem vorgefertigten schriftlichen Gartenplan. Sie führen keine Gartentagebücher und machen keine Berechnungen. Erst recht nicht lassen sich die Bäuerinnen den Garten von jemand anderem planen. Gärtnern ist für sie ein intuitiver, kreativer Prozess, in den Gehörtes und Gelesenes, Geschenktes und Gekauftes einfließen.

Der Garten ist Versuchsfeld. Bäuerinnen probieren vieles aus, wagen Neues und bezahlen dabei manchmal auch Lehrgeld. Bäuerinnen haben sich ihr Wissen um Gartenarbeit kontinuierlich aufgebaut. Praktische Erfahrungen und scharfe Beobachtungen werden erst durch das tägliche Arbeiten im Garten und mit jedem Jahr der Bewirtschaftung eines Gartens erworben. Zu dem sich ständig erweiternden Erfahrungsschatz kommt dazu, dass die Gartenarbeit mit Freude und viel Liebe erledigt wird. Gartenarbeit ist für viele Bäuerinnen zur Leidenschaft geworden. Wenn die Bäuerinnen im Garten arbeiten, so gilt diesem meist ihre ganze Aufmerksamkeit. Sie sind dann ganz versunken und erschrecken sogar, wenn ein Zaungast sie anspricht. Der Garten ist und war auch früher der Stolz so mancher Frau.

Die Frau ist nicht die Einzige, die im Garten arbeitet. Für die Errichtung oder etwaige Reparaturen eines Sockels, einer Mauer oder Zaunes

„... des war woll net gonz giwesn, na na koa Gartl, se war jo koa Bäurin giwesn, koa Gartl, des ischt schon da Stolz giwesn, a saubas Gemiasegartl."
„Die meischtn Orbatn in Gorten hot die Muita selba gimocht, obo boll mir soflt giwesn sein, ot die Muito onchoffn und mir giorbeitet."

sind die Geschicke und das handwerkliche Können der Männer gefragt. Bei den immer wiederkehrenden Arbeiten ist eine Aufteilung zwischen den Generationen und zwischen Mann und Frau für einzelne Hilfsarbeiten zu finden. Mist auf den Beeten auszubringen oder Umgraben bedeuten großen körperlichen Arbeitseinsatz und können je nach Größe des Gartens und Alter der Bäuerin meist nicht von ihr allein bewältigt werden. Bei diesen Arbeiten helfen dann die Bauern oder die größeren Kinder. Gießen, Jäten und Ernten sind leichtere Arbeiten, die vertretungsweise auch von jüngeren Kindern oder anderen Familienmitgliedern übernommen werden.

Für Osttirol ist bezeichnend, dass nur eine Person für den Garten hauptverantwortlich ist. Die Hilfsarbeiten werden nach genauen Anweisungen der regierenden Gärtnerin durchgeführt. Es ist nur in Ausnahmefällen zu beobachten, dass ein Garten von zwei gleichberechtigten Gärtnerinnen bewirtschaftet wird. Wenn dies der Fall ist, dann wird der Garten meist so aufgeteilt, dass jede ihren eigenen Bereich bewirtschaftet. Dies ist nicht verwunderlich, da jede Gärtnerin ihre eigene Persönlichkeit und ihren Charakter in den Garten einbringt und die eigenen Vorstellungen und Fantasien verwirklichen will. Zwei Persönlichkeiten und Charaktere unter einen Hut, besser gesagt, unter einen Garten zu bringen ist nicht leicht und wird vermieden. Durch diese persönliche Note ist jeder einzelne Garten auf seine Weise einzigartig. Die Ausstrahlung und der eigenartige Reiz, der den außenstehenden Betrachter bewundernd innehalten lässt, ist gerade so, als ob man über den Zaun in die Seele des Gartens schauen könnte.

Die Bäuerinnen in Osttirol sind es, die noch stark mit der traditionellen Wirtschaftsweise, die von den Vorfahren übernommen wurde, verbunden sind. Die starke Identifikation mit

Jeder Garten ist ein Kulturgut und auf seine Weise einzigartig (Obertilliach)

Der Garten erhält erst durch die Bewirtschafterin sein charakteristisches Aussehen (Sillian)

Kinder übernehmen kleine Arbeiten in Gärten oder betreuen ihr eigenes kleines Gartl und werden so in die Bewirtschaftung der Gärten eingeführt (Innervillgraten)

Die Frauen fühlen sich verpflichtet, Werte und Wissen, die mit der Gartenarbeit zusammenhängen, an ihre Kinder oder Enkelkinder weiterzugeben (Assling)

dieser Lebensart ist im Garten spürbar. Gerade die Bäuerinnen fühlen sich verpflichtet, diese Werte und das damit verbundene Wissen weiterzugeben. Für sie ist es wichtig, dass ihre Kinder oder Enkelkinder das Setzen, Wachsen und Ernten erleben und mitmachen können. Kinder erfahren, was durch unaufhörlichen Einsatz an menschlicher Arbeit aus einem im Frühling brachliegenden Stück Land werden kann. Sich gedulden und mit Vorfreude auf etwas warten können wird genauso vermittelt wie sparsamer Umgang mit Ressourcen. Aber nicht nur die Wissensvermittlung, sondern bereits der Umstand, dass auf dem Hof ein Platz für den Garten da ist, der von den Vorfahren übernommen wurde, ist für die Bäuerinnen eine Aufgabe.

„Weils anfoch dozuikeart, do Plotz isch ah do."
„Des keart dozui ba an Baurnhaus, sischt is koa bäuerlicho Mensch."
„Do ban Houfe hent se olbn ungsechn giwesn, ... weil do hent asou viel olte Weibischn giwesn, wos sou viel gebeetet hont und a schians Kräutagartl hon se a gehob, wenn sou viel Leit fiargean, do gean Leit fiar va kreiz und quer, Leit va gonz Oschtiroul mechsche sogn ..."

Die Lage der Gärten

Wo der Garten seinen Platz bekommt, bestimmte und bestimmt auch heute die Bäuerin. Praktische Überlegungen spielen dabei eine entscheidende Rolle. Bei der Auswahl der Standorte ist sowohl bei den alten als auch bei den neu angelegten Gärten die unmittelbare Nähe zum Hauseingang und damit die Nähe zur Küche ein wichtiges Kriterium. Die Bäuerinnen haben so die Möglichkeit, ohne großen Weg- und Zeitaufwand jeden Tag vor der Zubereitung der Speisen Kräuter, Salat, Gewürze oder Gemüse zu ernten. Alte Bäuerinnen berichten, dass vormals Schnittlauch, die – gemeinsam mit Salat auch noch heute – am meisten verwendete Kulturpflanze, zusätzlich zur Nähe zum Hauseingang direkt beim Garteneingang in einem Beet platziert war. Hausgärten prägen durch ihre Lage vor oder neben dem Haus und Hof das charakteristische Bild der Bergbauernhöfe Osttirols. Hinter dem Gehöft sind sie nur in Ausnahmefällen zu finden und in freier Landschaft gar nicht. Bei vielen Betrieben wurde die Lage der Hausgärten von Generation zu Generation beibehalten.

Ein weiterer Grund für die Nähe des Gartens zum Haus ist der geringere Weg- und Zeitaufwand für die Bewirtschaftung und Pflege des Gartens. Eine Bäuerin nennt unter anderen Argumenten auch den Schutz vor Dieben beispielsweise in der Reifezeit von Erdbeeren als Grund für die notwendige Nähe des Gartens zum Haus.

In unwegsamen und steileren Lagen ist eine kleine ebene Lage für den Garten am ehesten in Hausnähe zu finden. Hier sind Klaubsteinmauern oft unabdingbar. Sie geben durch die Bildung von kleinen Terrassen dem Erdreich im Garten und der Einzäunung Halt. Die Mauern der Terrassen sind heute nicht mehr lose Steine, die kunstfertig aneinander gefügt werden müssen, sondern meist mit Mörtel zusammengefügte Steinmauern.

> *„Des hots olba gebn, a Kräutagarchtl, i wissat it, wer et a Garchtle gehob ot … isch fria ah olbn ums Haus umma giwehn, dass man den Schnittla gleime mog holen, das e gimeg hosch va da Kuchl ibanlaafn und gaache houlen."*

> *„Is Kräutagartl hot man gibraucht, weil da Ocko zi weit weg isch giwesn für an Schnittla houlen, des isch oanfoch a sa Hausgartl giwesn, des isch ba an jiadn Hause giwesn … Wer weart olbn sou weit außen gean aufs Feld um an Schnittlach."*
> *„Is Schnittlabettl wor holt olbn glei ban Gortntirlan."*
> *„Schnittla holt amol zeibascht, weil man in olba gibraucht hot, noan is kommot giwehn herzinemm."*

Die Pfosten für die Einzäunung sind meist auf betonierte oder gemauerte Sockel aufgesetzt. Diese verhindern das Abfaulen der Pfosten. Wenn diese Sockel in einiger Tiefe angesetzt werden, kann das Einwandern von Wurzelunkräutern, wie etwa der besonders unbeliebten Quecke, und das Eindringen von Wühlmäusen verhindert werden.

Die Gärten liegen immer in unmittelbarer Nähe zum Haus. So kann ohne großen Zeitaufwand noch kurz vor der Zubereitung von Speisen geerntet werden (Garten in Kals)

Der Zaun

Zäune sind meist aus Holz. Dabei wird eine einfache Form von Sprittel- oder Lattenzaun bevorzugt. Fleggen- und Bretterzäune oder Jägerzäune sieht man nur selten. Früher hatte die Einzäunung zentrale Bedeutung, um die Pflanzen vor frei herumlaufendem Weidevieh, Hühnern und Schweinen zu schützen. Der Zaun musste so beschaffen sein, dass er die Tiere vor unbefugtem Betreten abhalten konnte. Aber nicht nur Tiere, auch unbefugte Menschen wurden symbolisch daran erinnert, dass sie diesen Bereich nicht betreten durften. Symbolisch deshalb, weil eine Einzäunung nicht so konstruiert war, um Menschen völlig fernzuhalten.

Albert Hauser (1976) sagt für die Gärten der Schweiz, dass die Umzäunung früher nicht nur Frieden vor Mensch und Tier, sondern auch vor irrationalen Kräften und damit Schutz gegen Hexen gegeben hat. Dies wurde allerdings von keiner der älteren oder jüngeren Bäuerinnen in Osttirol angesprochen. Trotzdem ist auch in Osttirol der Zaun Mittelpunkt eines Brauches, der zu Ostern ausgeführt wird, ein Brauch, der unter anderem auch auf den Schutz vor diesen irrationalen Kräften hinweist. Von einigen Bäuerinnen wird ein kirchlich gesegnetes Kreuz und/oder der gesegnete Palmbuschen zum Gartenzaun in die Erde gesteckt oder auf den Zaun gehängt. Dabei wird nicht nur eine gute Ernte erbittet, sondern auch das Abwehren von Schaden, bösen Kräften, Krankheiten und Gefahren.

Mit Metallzäunen, meist in Form von Maschendraht, sind in Osttirol nur eine geringe Anzahl von Hausgärten begrenzt. Zäune aus Pflanzen, sogenannte Hecken, finden sich ebenfalls nur in wenigen Gärten. Diese sind immer nur auf maximal zwei Seiten des Gartens anzutreffen. Bäuerinnen, die einen Teil des Gartens mit lebenden Zäunen aus Pflanzen umgeben haben, klagen über zu viel Schatten und Was-

> *„... des isch olls in Gartlen giwehsn, na na, außan Zaune het man do nindacht nix gikennt hobn, do hent die Rouß wilde umanondogong in Summa, und die Haplan und Viecher olls isch do, ummas Haus umma hots do zi gian gihob, na na, des hot schon gimisst ingizeint sein."*

Mit einem Kreuz aus Holzspänen, die am Karsamstag zum Entzünden des Osterfeuers verwendet wurden, und mit gesegneten Palmzweigen wird eine gute Ernte von Gott erbeten (Sillian)

Garten, Obstgarten und Harpfe präsentieren sich als harmonisches Ensemble mit einem sanften Übergang zur Feldflur (Virgen)

serkonkurrenz durch diese Hecken. Außerdem würden hinter einer dichten grünen Hecke die mehrjährigen Blütenstauden oder Sommerblumen, die am Rand entlang des Zaunes zu finden sind, nicht mehr die Schönheit des Gartens nach außen zeigen können. Ein Grund, Pflanzen als Abgrenzung zu verwenden, sind stark befahrene Straßen in unmittelbarer Nähe des Gartens. Die Sträucher sollen Staub und Abgase fernhalten.

In Osttirol sind kaum Gärten zu finden, die keine Einzäunung aufweisen. Nur einige neu angelegte Gärten sind noch nicht eingezäunt, weil die Zeit dazu noch fehlte. Diese sollen aber laut Aussagen der Bäuerinnen den typischen Zaun noch erhalten. Heute hat sich in unserer Vorstellung, wie ein Bauerngarten auszusehen hat, die Einzäunung so stark eingeprägt, dass von den Bäuerinnen das Argument angeführt wird, dass „... ein Zaun zu einem richtigen Garten gehört und schön ist ...". Dies obwohl in der heutigen Zeit für manche Gärten keine direkte Notwendigkeit für eine Einzäu-

> *„Des isch a wilda Stolz fir die Bäurin und a Freide a, wenn die Leit sou schaugn und einischaugn und froogn und stean bleibn und einischaugn, man hot oanfoch a Freide."*

nung besteht, da nur mehr auf einem Teil der Höfe Tiere frei herumlaufen.

Die Zäune der Bauerngärten markieren zwar eine Grenze, doch jeder Passant kann Einblick in den Garten nehmen und damit ist Kommunikation über den Zaun hinweg möglich. Durch diese Art der Gestaltung ist der Garten für Bewunderer geöffnet. Durch die offene Abgrenzung geht der Garten harmonisch in die umliegende Landschaft über, ohne sich aber scharf und abrupt davon ab- und auszugrenzen. So wird der Zaun zu einer symbolischen, sanften, fast durchsichtigen Grenze nach außen. Harmonische Übergänge zur freien Landschaft, meist Grünland oder Acker, schaffen auch blühende Bepflanzungen zwischen Garten und Haus, Obstwiesen oder Harpfen und andere Elemente im Nahbereich von Haus und Hof.

Der Garten und die Art und Weise der Gestaltung des Zaunes sind nicht nur ein besonderes Bindeglied zwischen dem Hof und der freien Landschaft, sondern auch zwischen dem durch die Bäuerin individuell gestalteten Gartenbereich und dem gesellschaftlichen Dorfleben. Letzteres ist erkennbar, wenn im Garten arbeitende Bäuerinnen öfter Pausen einlegen, da sie über den Gartenzaun hinweg begrüßt werden und Auskunft über ihre Arbeit oder einzelne Pflanzenarten geben. So fördert die Arbeit im Garten durch die freie Sicht auf den Garten die Kommunikation innerhalb der Gemeinde.

Mit den Gesprächen über den Zaun hinweg können neben Ereignissen in der Familie oder in der Gemeinde auch Themen zur Bewirtschaftung des Gartens oder Bitten nach Pflanzenmaterial verbunden sein. Die individuelle Gartenarbeit, die hier erledigt wird, gewinnt durch die regelmäßige Begegnung mit anderen Menschen über den Zaun hinweg eine soziale Komponente. Bäuerinnen erzählen, dass sie auch des Öfteren von Sommergästen angesprochen werden und es zu einem internationalen Austausch von Ideen und Pflanzmaterial kommt.

> *„Do gent tamisch viel Leit fiar, und do wenn a it a wean holbantig ausschaug, und noa weart a sou wilde viel fotografiert. Es kemmen oft Fremme, ob i ihnan net a poar Ringelbliamlan gab, die Lene isch oft do drinne ba an Summagoscht gstonn … es sant sellane Leit kemm, dei wos sou fürchterlich wilde interessiert hont iber olls, do konnsche jo stundenweis reden."*

Obwohl viele Bäuerinnen die Gartenarbeit mit Freude verrichten und stolz auf den Garten sind, darf nicht vergessen werden, dass der Garten auch mit einem gewissen sozialen Druck verbunden ist. Sprichwörter wie „wie die Frau, so der Garten" werden heute nicht mehr so ernst genommen, aber ein gewisser Zwang, im Gleichklang mit anderen einen schönen und unkrautfreien Garten zeigen zu können, ist doch vorhanden. Dies kann auch eine Belastung sein. Auch ist es nicht immer so, dass Gespräche über den Gartenzaun so erwünscht und erfreulich sind. Manch eine Bäuerin fühlt sich da-

> *„Ban Gortenorbatn reidn, jo wenn man an Mensch gearn gsechn hot, noa isch man woll eh ungiret woarn, und wenn man an Mensch et gearn gsechn hot, ot man gitun, als wia wenn man in net gsechn het."*

Durch den freien Einblick in die Gärten, der über den Zaun hinweg möglich ist, werden viele Bäuerinnen bei der Gartenarbeit angesprochen. Vertieft in ein Gespäch verbringen sie dann oft lange Zeit am Gartenzaun. Diese Gespräche enden oft auch mit einem Geschenk aus dem Garten (oben: Garten in Innervillgraten; unten: Garten in Obertilliach)

Am Gartenzaun angelehnt, lässt es sich gut „hoangaschtn“ (plaudern, Kals)

Frauen nehmen sich gern Zeit für ein Gespäch über den Gartenzaun hinweg (Assling)

bei bei der Arbeit aufgehalten. Auch will man nicht immer mit jedem, der vorbeigeht, ein Wörtchen
wechseln. So kann es vorkommen, dass man einfach so tut, als würde man den vorbeigehenden Menschen nicht sehen.

Diejenigen, die einen schönen Garten aufweisen, besitzen auch heute noch ein hohes Ansehen im Dorf und werden von manchem dafür beneidet. Was ist aber mit denjenigen, die keinen Garten haben, den Garten vernachlässigen oder gar auflassen? Missbilligung vonseiten der Gärtnerinnen ist nicht wirklich anzutreffen, sondern eher Toleranz. Umgekehrt verstehen so manche Nichtgärtnerinnen gar nicht, warum man sich heute diese Arbeit antut, einen Garten zu bewirtschaften.

> *„Man isch woll a wenn neidig, wenn oans a scheans Gartl hot.“*

Die Größe und Gestaltung der Gärten

Die Frau als Bewirtschafterin, die Lage und die Einzäunung haben sich als Merkmale in den letzten Jahrzehnten kaum geändert. Was sich allerdings gewandelt hat und auch von Betrieb zu Betrieb recht unterschiedlich ist, ist die Größe der Gärten. So berichten ältere Bäuerinnen, dass Hausgärten früher immer sehr klein waren und die Gärten sich im Laufe der letzten Jahrzehnte vergrößert haben. Dies ist meist dann zu beobachten, wenn der Garten von einer Generation an die nächste übergeben wurde. Um die Gartenfläche zu vergrößern, wurde oft auch der bestehende Garten weiterbewirtschaftet und einfach ein zusätzlicher Zweitgarten angelegt.

Für die Wahl der Größe der heute bewirtschafteten Gärten ist eine Kombination mehrerer Faktoren ausschlaggebend. So hängt diese nicht, wie man vielleicht annehmen möchte, in erster Linie mit der Lage des Hofes zusammen. Auch bei Höfen in Extremlage in steilem Gelände sind bis zu 180 m² große Hausgärten zu finden. Auf diesen Höfen wurden mit hohem Aufwand (große Erdbewegungen, Abstützen mit hohen Mauern) ebene Bereiche für die Hausgärten geschaffen. In ebenen Lagen, wo man meinen könnte, dass ausreichend Fläche zur Verfügung stünde, sind auch kleine Hausgärten zu finden. Auch ist die Größe des Gartens unabhängig von der Haushaltsgröße und der Anzahl der Familienmitglieder beim Mittagessen. So sind größere Hausgärten nicht ausschließlich bei größeren Familien zu finden. Weitere Faktoren, die bei der Wahl der Größe eine untergeordnete Rolle spielen, sind die unterschiedliche Notwendigkeit, Geld über die Eigenproduktion von Lebensmitteln im Garten einzusparen, oder die Entfernung zum nächsten Lebensmittelgeschäft und die Absatzmöglichkeiten für die Produkte des Gartens. Die wesentlichsten Faktoren sind auf der einen Seite die individuelle Vorliebe und Einstellung der Bäuerin und der Familie für die Produkte des Gartens und auf der anderen Seite die Zeit, die für die Gartenarbeit von der Bäuerin eingesetzt werden kann.

> *„... fria isch a lei kloan giwesen, heint hot man is greaßere Gartle, mehr Zeug drinnen, ... fria isch net viel in Gartlen giwesn.“*

Auch an steilen Hängen finden sich Gärten (Innervillgraten)

Die Größe der heutigen Gärten reicht von 220 m² beim größten bis zu 12 m² beim kleinsten. Wobei mittlere Hausgärten von 50 bis 100 m² am meisten zu finden sind.
Der Grundriss der Hausgärten ist in der Regel immer rechteckig oder quadratisch. Manche Hausgärten zwängen sich aber oft in einen geeigneten Winkel in der Nähe des Hofes, wo der Grundriss dem Gelände angepasst werden muss. Nicht nur der Grundriss ist geometrisch gewählt, sondern auch die Einteilung im Inneren des Gartens ist gerade, klar und einfach und damit für die Bäuerin übersichtlich und entsprechend ihrem Gefühl für Schönheit. Dieses Gefühl für Schönheit und Harmonie ist selbst in den kleinsten Gärten, die nicht viel Platz bieten, spürbar. Die Hände sind das Werkzeug und die Gestaltung ergibt sich während der Arbeit und nicht weil vorher im Kopf und auf dem Papier geplant wurde. Auf diese Art und Weise werden innere Gefühle nach außen in der Gestaltung des Gartens sichtbar gemacht.

> *„I woaß, dass ah fria die Bäuerinnen an Stolz koot on mit'n Gortn und die Bettlan on gimisst grode und ginau san, und die Steigilan on gimisst ginau san, des isch fria vielleicht nou a wenn hoagla giwehn as wia heint."*

Der Eingang zum Garten ist auf der Seite zu finden, die dem Haus zugewandt ist. Vom Gar-

Frühbeetkästen aus dem Handel sind nur vereinzelt zu finden (Obertilliach)

Jeder noch so kleine vegetationsfreie Platz wird für die Anzucht von Jungpflanzen in Anspruch genommen (Kartitsch)

teneingang führt ein gerader Weg in die Tiefe das Gartens. Dieser ist je nach Garten mit Holz, Natursteinplatten, Waschbetonplatten, Schotter, Kies oder Rindenmulch belegt oder mit Pflanzen bewachsen. Dieser Weg, der als Hauptweg ein Ende des Gartens mit dem anderen verbindet, ist breiter als die anderen vorhandenen Wege.

Entlang des Zaunes ist ein Randbeet angelegt. Ein schmaler Pfad trennt es vom Inneren des Gartens. In diesem Randbeet findet man eng nebeneinander verschiedene Pflanzenarten. Das sind in erster Linie mehrjährige Blütenstauden (Pfingstrose, Rose, Herzlstaude), mehrjährige Kräuter (Eibisch, Wermut, Salbei) sowie Sommerblumen. Auch Beerensträucher wie die Rote Ribisel und Himbeeren sind bei vielen Bäuerinnen innerhalb oder auch direkt außerhalb der Einzäunung, an einer Seite des Gartens, zu finden. Dieser Randbereich des Gartens wird von den Bäuerinnen nicht alljährlich umgegraben, und so ergibt sich ein guter Platz für ausdauernde Pflanzenarten. Diese meist üppig blühende und abwechslungsreich bepflanzte Abgrenzung zeigt nach außen die Schönheit des Gartens und wirkt freundlich und einladend.

Wo Frühbeete im Garten vorhanden sind, befinden sich diese an einer Seite des Gartens. Hier wird immer auf eine besonders geschützte Lage geachtet, und unter Umständen sind diese nicht ausschließlich im Garten, sondern an einer sonnenbeschienenen Hausmauer zu finden. Frühbeete weisen eine Einfassung aus Holz oder Beton auf. Darauf werden dann alte Fensterscheiben oder mit Plastik bespannte Holzrahmen aufgelegt. Sie werden überwiegend selbst hergestellt. Nur vereinzelt finden sich Anzuchtkästen oder Folientunnel aus dem Handel. Auch die Glashäuser sind vielfach selbst konstruiert. Beim Bau werden Altmaterialien (Holz, Fenster, Beschläge) aus dem landwirtschaftlichen Betrieb wiederverwendet. Da Fenster oder Abdeckungen der Frühbeete während heißer Tagesperioden geöffnet und danach wieder geschlossen werden müssen, befinden sich die Frühbeete immer in Hausnähe. Sie dienen in erster Linie zur Anzucht von Salat, der mit Stolz über den frühen Anzuchterfolg oft schon ab Mitte April aus eigener Produktion gegessen wird. Weiters dienen Frühbeete zur Anzucht von eigenen Jungpflanzen für Gemüse oder Zierpflanzen.

Gemüsebeete befinden sich im Inneren des Gartens, also innerhalb dieses Mantels aus Zierpflanzen. Diese Gartenfläche ist in rechteckige Beete gegliedert. Dabei darf das einzelne Beet eine gewisse Breite nicht überschreiten, sodass die Mitte des Beetes bei der Bearbeitung noch gut erreicht werden kann. Vor allem in Kals sind Einfassungen der Beete durch Holzbretter vorhanden. Nach Angaben der Bäuerinnen werden dadurch gerade Beete erzielt, die Erosion wird reduziert, die Windgeschwindigkeit gebremst und damit ein schützendes Kleinklima erreicht. Ein Verzicht auf solche Einfassungen in anderen Gemeinden wird dagegen mit Platzmangel und umständlicher Bearbeitung begründet. Diese Einfassungen stehen in Konkurrenz mit freier Erdfläche für Pflanzungen. Gerade früher musste jeder Winkel im Garten bepflanzt werden.

» *„Do, wo a Rond ba die Bettlan wor, wo die Eggilan frei woarn, ot man gimisst insaan, dass man wiedo Pflanzlan bikemm hot. Do ot nicht giterft umadumm sann, koa Brett odo sischt eppas, dass net zi viel Gartl zi ferloar geht.“* «

Die einzelnen Beete sind durch schmale, in der Regel ein bis zwei Fuß breite Nebenwege voneinander getrennt. Diese sind in beinahe allen Hausgärten aus festgetretener Erde und in Einzelfällen mit Holz oder Stein ausgelegt oder mit Vegetation bedeckt. Fichtennadeln als Belag der Wege verwendet nur eine Bäuerin. Um die Wege zwischen den Beeten unkrautfrei zu halten, wird – außer auf mit Steinen befestigten Wegen – immer wieder umgestochen und der Weg dann neu angelegt. Der Grund für den Einsatz von Holz, Steinen oder anderen Materialien als Belag für Wege (insbesondere für den Hauptweg) ist die leichtere Kontrolle und Unterdrückung des Unkrauts. Außerdem kann bei Regenwetter der Garten über befestigte Wege betreten werden, ohne dass Erde auf dem Schuhwerk kleben bleibt.

Eine regelmäßige Form ist auch bei der Anordnung der Pflanzenarten in den Beeten zu finden. Die Bäuerin achtet auf Ordnung beim Bepflanzen und baut meist nur eine Pflanzenart entlang einer geraden Linie pro Beet an. Die strenge Ordnung innerhalb der Gemüsebeete wird in einigen Fällen durch einjährige und zweijährige Arten, die sich im Garten selbst aussäen und toleriert werden, gelockert. Typisch dafür sind Arten wie echte Kamille, Ringelblumen, Kornblumen und einjähriges Bohnenkraut. Diese Form von Toleranz, die Blüten-

Gemüse im Inneren des Gartens wird nach Pflanzenarten geordnet angebaut (Sillian)

Mischkultur auf allen Beeten findet man nur in wenigen Gärten (Kals)

pracht auch in den Gemüsebeeten zulassen, gibt den Gärten ein eigenes aufgelockertes Flair.

Auf Teilen einzelner Beete wird Mischkultur betrieben. Dabei stehen dann oft Zwiebeln zwischen den Karotten; Radieschen, Rettich oder Kresse zwischen Salat oder Salat zwischen Arten, die nach der Ernte des Salatkopfes den Platz in Anspruch nehmen können, wie Kraut, Karfiol, Rote Rüben und Kohlrabi. Auf allen Beeten Mischkultur, wo dann pro Beet gleichzeitig verschiedene Pflanzenarten mit verschiedenen Reife- und Erntezeiten und mit unterschiedlichen Nährstoff- und Platzansprüchen gedeihen, findet man nur bei wenigen Gärten. Diese Art der Bewirtschaftung, die im biologischen Gartenbau und in aktuellen Gartenratgebern empfohlen wird, hat sich weder großflächig in den einzelnen Gärten noch bei vielen Bäuerinnen in Osttirol durchgesetzt. Die Vielfalt, die für die untersuchten Hausgärten kennzeichnend ist, ergibt sich aus einem Gedeihen von Zier-, Heil-, Gemüse- und Gewürzpflanzen auf kleinstem Raum, aber nicht immer in Form einer Mischkultur in den Beeten selbst.

Sowohl die Art und Weise, wie die Beete angeordnet sind, als auch die Ordnung zwischen den einzelnen Kulturen verschafft den Bäuerinnen den nötigen Überblick und gliedert den Garten für sie wohltuend. Durch die klaren, einfachen und regelmäßigen Formen, die in den Gärten zu finden sind, ist es arbeitstechnisch einfacher und zeitsparender, Arbeiten wie Jäten, Säen, Pflanzen und Ernten durchzuführen. Das Jäten muss nicht an einem Tag, sondern kann in kleinen Etappen, sozusagen übersichtlich und kräfteschonend Beet für Beet, erledigt werden. Auf Ansprüche einzelner Pflanzenarten kann so besser reagiert werden, und diese können besser betreut werden. Diese Ordnung ist kein Zufall, sondern hat sich in der Praxis bewährt.

An der grundsätzlichen Einteilung der Gärten hat sich nicht viel geändert. Allerdings war es früher laut Aussage älterer Bäuerinnen üblich, in der Mitte des Gartens, wo die Wege zusammenlaufen und sich kreuzen, ein kreisförmiges oder quadratisches Beet anzulegen. In diesem wurden ganz besondere Gartenlieblinge wie Madonnenlilien oder Rosen gezogen. Als Schmuck oder aber zur Abwehr von Bösem steckten Gartenkugeln auf Stäben in diesen Beeten. Um noch einmal das Sprichwort „wie die Frau, so der Garten" heranzuziehen, kann diese früher besonders gestaltete Mitte des Gartens als Stärkung, Betonung oder Gestaltung der seelischen Mitte des Gartens und damit auch der Bäuerin selbst gedeutet werden. Diese Form der Gartengestaltung war in den heutigen Gärten lediglich einmal anzutreffen. Lebende Einfassungen der Beete aus Buchs, Lavendel oder anderen mehrjährigen Pflanzenarten, bezeichnend für die Bauerngärten anderer Gegenden, waren bei uns nicht üblich und sind auch heute nicht anzutreffen.

Früher genauso wie heute werden mehrjährige Pflanzenarten, die nicht im Freien überwintern, wie beispielsweise der Rosmarin, gern in Töpfen oder Kübeln während der frostfreien Zeit in den Garten gestellt und im Winter ins Haus genommen. Heute finden sich aber auch einjährige Pflanzenarten wie Tomaten oder Arten, die bei uns winterhart sind, wie das Edelweiß, in Töpfen. Diese „Töpfe" werden meist mit besonderer Liebe und Aufmerksamkeit betreut.

Die Bäuerinnen gestalten und bepflanzen ihren Garten so, dass ihnen der Garten all das bietet, was sie sich wünschen, und gleichzeitig aber auch, was sie arbeitstechnisch bewältigen können. Allerdings sind Hausgärten kein Ort, wo man sich zur sitzenden Erholung aufhält, wenn Erholung nicht gleichzeitig eine Beschäftigung im Garten bedeutet. Dies erkennt man daran, dass sich in keinem der Hausgärten eine Pergola, Laube oder ein Sitzplatz mit Bänken und Tischen befinden. Wenn, dann ist nur eine Bank vorhanden und die besteht oft nur aus einem einfachen Brett auf Holzscheitern. Wenn Bäuerinnen auf einer Bank in einem Garten anzutreffen sind, dann sind sie meist mit einer Arbeit, die sich auch im Sitzen machen lässt, beschäftigt.

Nur in wenigen Hausgärten sind zierende Gegenstände wie Gartenzwerge oder Gartenkugeln zu finden. Als Zierde für den Garten sind primär die Zierpflanzen anzusprechen. Der Ver-

> *„Völlig in an jeadn Gartlan wor a bunte Gloskugel, hots lei gsollt schean san oder hot des gsollt epas zi dawearn."*
> *„Schiane Bettlan hot se gehob, in da Mitte hot sis rund gehob, do hot se nochan a Roasnstaude oder Lilien drin-gehob, dei weißen, dei gonz dei schean, dei on guit gschmeckt. Die Bettlan san af olle Seiten zuichagong und a Kugel ot man in do Mitte als Zier eichngstellt. Bischl san außen ba die Bettlan ban Rond wia die Primel, obo für die Astern wor a extra Bettl."*

Gartenkugeln als Schmuck oder zur Abwehr von Bösem sind in den heutigen Gärten kaum anzutreffen (Sillian)

zicht auf Bänke, Dekoration und lebende Einfassungen der Beete im Garten sowie die geringe Breite der Wege zwischen den Beeten zeigt einerseits, wie mit dem knappen Gut Fläche in den Osttiroler Hausgärten sparsam umgegangen wird. Andererseits rückt die Bewirtschaftung in den Mittelpunkt. Gärten sind nicht Aufenthaltsorte für Mußestunden und Erholung durch Nichtstun. Nein, die Bäuerinnen schöpfen Kraft, Freude und Zufriedenheit durch das Arbeiten im Garten. Nur allzu kurz sind die Momente, die sie innehalten, um ihr Werk mit freudiger Bewunderung selbst zu bestaunen, oder wo sie gar in beschaulicher Betrachtung verharren.

> *„Zearscht homo a net viel in Gartlen gehob, man hat et daweil gehob, es isch nou Koarn giwesn und a groaßo Eabianfleck, da hom mo et doweil gihob mitn Garchtlen, und i hon olle Johr a Kind gehob. Schnittlach, Solant, sischt homma nix gehob zearscht. Solant und Schnittlach und a poar Bischle hom ma gehob."*

Arbeitsaufwand bei der Gartenarbeit

Dass die Bäuerinnen mit Freude der Gartenarbeit nachgehen, bedeutet nicht, dass diese Arbeiten nicht anstrengend sind. Sie sind vor allem auch zeitaufwendig. Unterschiede in der dem Garten zugedachten Arbeitszeit sind so wie die Größe des Gartens von Bäuerin zu Bäuerin sehr verschieden. Die Liebe zur Gartenarbeit dürfte den meisten Bäuerinnen gemeinsam sein. Damit kann der unterschiedliche Zeitaufwand wohl nicht begründet werden. Besonders viel Zeit investieren diejenigen Personen, für die die betriebliche landwirtschaftliche Arbeit am Hof nicht die Hauptaufgabe ist (die Altbäuerin oder Schwester der Bäuerin). So ist die Gartenarbeit unter den älteren Bäuerinnen sehr beliebt und wird oft nur schweren Herzens von der Altbäuerin an die Nachfolgerin abgegeben. Für ältere Frauen ist der Garten oft eine sinnvolle und ausfüllende Altersbeschäftigung.

Ältere Bäuerinnen berichten, dass zu ihrer Jugendzeit die im Vergleich zu heute kleineren Hausgärten mit wenig Arbeitsaufwand zu pflegen waren. Geachtet wurde auf den Anbau leicht zu pflegender, unempfindlicher Pflanzenarten. Gartenarbeiten wurden erst durchgeführt, wenn alle anderen wichtigen Arbeiten erledigt waren. Die ganze Aufmerksamkeit galt in erster Linie anderen Produktionszweigen wie Acker-, Feldgemüse- und Flachsanbau, der Heuernte, Stallarbeit und anderen Bereichen. Nicht nur die Tatsache, dass die meisten Arbeiten händisch zu erledigen waren, sondern auch die Tatsache, dass sämtliche zum Überleben notwendigen Grundnahrungsmittel auf dem Hof produziert wurden, lässt erahnen, dass für den Garten bis in die 60er-Jahre des 20. Jahrhunderts kaum Zeit übrig blieb.

> *„Hetz is eh olbn a drum leichta, hetz hosche die Maschien, hetz wenns geht, gehts amol zwoa a drei Stund unto und ibo, und nochan megsche di amol niedasitzn und schnaufen und noa megsche ins Kräutachgartle gian, nochran is oft ondascht, oba wia mir's hom gitun, sem is a Gschinte giwehn."*

Momente, in denen der Garten betrachtet wird, sind oft nur kurz und flüchtig (Gaimberg)

Wenn Bäuerinnen im Garten auf einer Bank anzutreffen sind, dann erledigen sie meist eine Arbeit, die eben sitzend verrichtet werden kann (Bäuerin aus Gaimberg beim Sortieren von Knoblauchzehen für das Auspflanzen).
Gärten sind nicht Aufenthaltsorte für die Erholung durch Nichtstun. Bäuerinnen schöpfen Kraft, Freude und Zufriedenheit durch das Arbeiten im Garten (Ernte in Assling)

Auch heute noch sind neben dem Haushalt viele Arbeiten am Feld und im Stall der Bäuerin anvertraut. Maschinen haben viele Arbeiten leichter gemacht, dafür befinden sich heute lange nicht mehr so viele Arbeitskräfte am Hof wie früher. Der Aufgabenbereich der heutigen Bäuerin hat sich im Vergleich zu früher so zwar nicht verringert, aber verändert. In die Gartenarbeit stecken die Bäuerinnen heute die Zeit und Liebe, die sie früher in den Acker- und Feldgemüsebau steckten. So berichtet so manche Bäuerin, dass gerade der Flachsanbau und die Verarbeitung sehr zeitaufwendig waren, allerdings verbinden sie damit auch viele schöne Erinnerungen.

> *„Ban Hoor ot man olbn longe gibraucht zin jäten, des wor viel Orbat, Unkraut wor ah viel, dei Tille ... und ban Brechln, na is fria olbn luschtig zuigong, do ot man gikraglt, gell do isch oans wiedo amol mit Hoor gikraglt woarn, und noa ot man gimisst lochn.“*

Im Vergleich zu früher ist somit ein höherer Arbeitszeiteinsatz in den Gärten festzustellen. Die händische Bearbeitung hat sich nach wie vor für fast alle Arbeitsbereiche im Garten erhalten. Dies gilt auch für die großen Hausgärten. Wo in anderen Bereichen des Hofes längst Maschinen und technische Errungenschaften die meiste Handarbeit ersetzen, gilt dies für den Garten nicht. Meist kommen technisch unkomplizierte und einfachste Arbeitsgeräte, die sich kaum geändert haben, zum Einsatz. So sind auch moderne Verfahren des Gartenbaus wie Tröpfchenbewässerung, maschinelles Fräsen und der Einsatz von chemisch-synthetischen Dünge- und Pflanzenschutzmitteln für die Osttiroler Bauerngärten nicht typisch. Da Arbeitsspitzen, die im Garten anfallen, im Frühjahr liegen und nicht mit der Arbeitsspitze für Heumahd und Betreuung der Feriengäste zwischen Mitte Juni und Mitte September zusammenfallen, kann diese Handarbeit von den Bäuerinnen meist ohne stärkere Belastung durchgeführt werden.

Natürliche Rhythmen

Alle Bäuerinnen unterliegen bei der Gartenarbeit den Rhythmen des pflanzlichen Wachstums und der Jahreszeiten. Das Angenehme an der Gartenarbeit ist aber, dass die Vielzahl der anfallenden Tätigkeiten im Garten je nach Dringlichkeit und Dynamik anderer Arbeiten am Hof erledigt werden kann. Das Einhalten eines exakten Tagesablaufes ist so nicht notwendig.

Frühjahr

Die Bäuerinnen sind eng mit der Natur verbunden und schärfen ihre Sinne, indem sie Veränderungen in der Natur aktiv miterleben, sehen und spüren. Der Frühling wird bei den meisten Bäuerinnen schon sehnlichst herbeigewünscht. Im

> *„In Langis is gonz automatisch in dir drin, dass e unfongsch zi wial, unfongsch zi grobn, ... in März, wenns aper werd, grobt’s oan schon in die Finger, des isch asou in dir drinn, do bische sou der Natur verbunden, es zoicht zin außngean, es isch nimma zin in Hause bleiben, man hot van Winto ginui.“*

Schwere körperliche Arbeit wird gerade im Frühjahr bei der Bodenvorbereitung sowie beim Ausjäten von mehrjährigen Blütenstauden geleistet (Virgen)

ausgehenden Winter warten sie schon ungeduldig darauf, endlich mit der Gartenarbeit beginnen zu können. Nachdem sie den Winter über die meiste Zeit mit Haus- und Stallarbeit beschäftigt waren, lockt sie die Gartenarbeit ins Freie, sobald der Schnee geschmolzen ist.

Die Gartenarbeit ist verknüpft mit einem intensiven, ganzheitlichen Beobachten der für die Gartengestaltung bedeutenden Prozesse. Mehr denn je ist im Frühling eine gewisse Spannung verbreitet: Was wird an Stauden wiederkommen? Welche Überraschungen kommen zum Vorschein? Was pflanze ich heuer wohin? Wie ist die Beschaffenheit des Bodens in diesem Jahr? Wie entwickelt sich die Witterung?

Aber nicht nur die Spannung und Freude, wieder in den Garten gehen zu können, sind im Frühjahr am höchsten. Auch der Arbeitszeiteinsatz. Anstrengende und zeitintensive Arbeiten wie Umgraben und Düngen, Vorbereiten der Beete, Ausund Umpflanzen werden jetzt verrichtet. Die Bäuerinnen sind nach dem Winter mit besonders viel Energie, Eifer und Freude bei der Gartenarbeit anzutreffen.

„Jo unstrengend is woll, netta in Langis, du osch eppa nou nia koan Gorte umegstochn, sell isch woll die strengste Orbat, und is Jätn, die Leit jammon se woll olbn olle, dass sofl unstrengend isch und wenn mera gsetzt weart."

Der Zeitpunkt des Arbeitsbeginns im Frühjahr ist in erster Linie an die Seehöhe und die Lage der Hausgärten gebunden. Entsprechend diesen naturräumlichen Gegebenheiten kann ein- bis mehrmals im gleichen Beet ausgepflanzt werden. Während im Frühbeet der erste Salat meist schon ab April eingesetzt und die ersten Samen verschiedenster Arten schon gesät sind, wird der Garten vorbereitet, sobald der Schnee geschmolzen ist und die Witterung es erlaubt. Mit dem Auspflanzen im Freiland wird auf die sogenannten Eismänner – meist um Mitte Mai – gewartet. In einigen Gemeinden (Kartitsch, Obertilliach) muss auch nach Mitte Mai mit Frost gerechnet werden. Folien zum Abdecken, Frühbeete oder Glashäuser nimmt jede Bäuerin in diesen Fällen gern in Anspruch. Zum Abdecken der Beete bei Frostgefahr, bei plötzlichen Kälteeinbrüchen oder zum Schutz vor Austrocknung dienen nicht nur Folien oder Vliese aus dem Handel, sondern auch wie früher üblich alte Kartoffelsäcke aus Jute, Decken und andere vergleichbare Materialien.

Im Frühjahr werden die Beete entweder mit einem Spaten oder mit einer Gabel umgegraben (umgestochen). Dem Boden im Garten kommt eine besondere Bedeutung zu. Die Bäuerinnen sind daran interessiert, die fruchtbare Qualität des Bodens zu erhalten. Dies wird in erster Linie durch die jährliche Zugabe von Mist erlangt. Dieser wird manchmal schon im Herbst gleichmäßig auf alle Beete verteilt und dann gleichzeitig mit dem Umgraben im Frühjahr eingearbeitet. Eine differenzierte Düngergabe auf Teilen des Gartens, wo dann auf Schwach- oder Starkzehrer Rücksicht genommen werden kann, ist nicht üblich.

Viele Bäuerinnen betreiben eine zeitliche Mischkultur (Fruchtfolge) mit dem Wechsel beim Anbau von Pflanzenarten mit verschiedenen Ansprüchen (Stark-, Mittel-, Schwachzehrer) in jährlicher Abfolge, das sogenannte Beete wechseln. Allerdings gehen die wenigsten dabei systematisch und mit einem vorher festgelegten, schriftlich dokumentierten Plan vor. Eine zeitliche Abfolge innerhalb einer Gartensaison sieht meist so aus, dass Lücken von geerntetem Gemüse – meist handelt es sich dabei um Salat – wieder aufgefüllt werden. Dabei wird meist Salat nach Salat nachgesetzt. In den frühräumenden Salatbeeten werden beispielsweise Karfiol, Kraut, Kohlrabi, Wasserrüben oder Endivie nachgesetzt.

Düngung

Als wichtigster Dünger ist der Rindermist der Tiere des eigenen Betriebes anzusehen. Die Bäuerinnen weisen darauf hin, dass es sich bei einem guten Dünger um einen 2 bis 3 Jahre alten, gut verrotteten Mist handeln muss, da sich frischer Mist nicht bewährt hat. Mist sollte nur auf die Beete und nicht auf die Wege aufgebracht werden, um nicht das Unkraut zu düngen.

» *„Mischt kimmt olle Frühjohr eichn, do mocht man Häuflan in Gorte, in Reihen umestechen und in die Reihen drinnleign und dribastechn, vom Mischt siecht man nichts ma, obo olter Mischt muss sein, neuer Mischt mocht Ausbiss, gelbe Würme oder Engerlinge. Die Bettlan wearn gewechselt, Schnittla ah."* «

Flüssige, pflanzliche Dünger in Form von Jauchen sind nicht weit verbreitet. Einzig Brennnessel- und Beinwelljauche verwenden einige Bäuerinnen als Pflanzenstärkungsmittel.

Obwohl im Frühjahr besonders anstrengende Arbeiten im Garten zu verrichten sind, freuen sich die Bäuerinnen nach dem langen Winter im Haus auf diese Arbeiten im Freien (Sillian)

Schnittlauch wird manchmal mit Ruß oder mit Kaffeesud gedüngt. Synthetische Mineraldünger setzen nur ganz wenige Bäuerinnen ein. Hierbei handelt es sich meist um Blaukorn, das nur bei ausgewählten Pflanzenarten wie bei Blütenstauden gestreut wird. Ausschließlich oder für den gesamten Gartenbereich ist diese Form der Düngung bei keiner Bäuerin im Garten üblich.

Kompost wird – so überhaupt vorhanden – meistens nur alle 2 bis 3 Jahre eingesetzt. Einige Bäuerinnen beklagen den Umstand, dass mit Kompostdüngung auch mehr Unkraut im Garten aufgeht. Ältere Bäuerinnen berichten, dass das Kompostieren in der heutigen Form in Osttirol keine Tradition hat und die nötige fachkundige Praxis zum Kompostieren fehle. Vor der Einführung von eigenen Komposthaufen am Hof wurden verrottbare Abfälle auf den Misthaufen gegeben. Weiters berichten ältere Bäuerinnen, dass organische Abfälle früher in geringeren Mengen anfielen, weil diese (auch Unkraut) in der Regel den Haustieren verfüttert wurden. Gartenabfälle wie die äußeren Blätter von Salat und Kraut oder aufgeschossener Salat sind auch heute noch Futter für Hennen und Schweine, in einigen Fällen auch für Kühe. Die Praxis, organische Abfälle auf den Misthaufen zu geben und nicht extra zu kompostieren, ist auch heute noch bei vielen üblich.

Eine gleichbleibend gute Struktur und Qualität des Bodens erreichen somit die meisten Bäuerinnen durch die Beigabe des Mistes. Allerdings erkunden manche Bäuerinnen mit Händen und Augen, ob der Boden noch zusätzliche Bodenhilfsstoffe benötigt. Der Einsatz von Steinmehl und Sand ist zwar nicht weit verbreitet, aber bei einzelnen Bäuerinnen durchaus üblich. Weiters kommt Holzasche mit ihrem hohen Gehalt an Mineralstoffen und Spurenelementen zum Einsatz, die im Winter anfällt und auch in diesem Zeitraum auf die Beete aufgebracht wird. Fichtenreisig und -nadeln gemischt mit Eierschalen dienen zum Abdecken der Beete über den Winter und werden im Frühjahr eingearbeitet. Torf, Gründüngung und Mulch werden nur vereinzelt eingesetzt. Beim Mulchen erwähnt manche Bäuerin, dass „es nicht schön ausschaut“ und sie diese Technik deshalb nicht anwendet.

Bodenvorbereitung

Vor der Aussaat und der Bepflanzung der Beete werden eine Hacke *(Haue)* zum Aufhacken der gröberen Schollen und ein Rechen *(Blissrechn, Sträiberechn)* zum Zerkleinern der Schollen und Glätten der Beete eingesetzt. Die genannten Geräte gehören zur Ausstattung jeder Gärtnerin.

Die Vorbereitung der Beete führen die meisten Bäuerinnen nach Augenmaß durch. Als Hilfe zur Anlage von rechtwinkeligen Beeten mit geraden Seiten werden bei einigen Bäuerinnen niedrige Stöcke, an denen Schnüre angebunden

Mit dem „Beentreta“, einem Pflanzbrett, können der Abstand zwischen den Reihen und die Sätiefe konstant gehalten werden (Innervillgraten)

„Pflonzrechn", mit denen Reihen für Saat- und Pflanzgut gezogen werden, erleichtern die Arbeit und sichern eine einheitliche Reihenweite (Gaimberg)

sind, oder auf den Boden aufgelegte Arbeitsgeräte eingesetzt und im rechten Winkel eingerichtet. Um Beete mit der erwünschten Größe und Ausrichtung zu erzielen, verwendet manche Bäuerin jedes Jahr die gleichen Bretter, Latten oder Stöcke mit entsprechender Länge, die sie in rechtem Winkel auf den Erdboden legt.

Damit die Reihen auch innerhalb der Beete gerade verlaufen und die notwendigen Pflanzabstände eingehalten werden, kommen die genannten Hilfsmittel wie Pflanzschnur oder Bretter zur Anwendung. Allerdings wird bei den meisten Bäuerinnen sozusagen freihändig, mit einem guten Augenmaß und Übung eine möglichst gerade verlaufende Linie eingehalten. Das Endergebnis ist dann vielleicht nicht ganz so gerade wie gewünscht, aber doch mit einer gewissen Zeitersparnis verbunden. Pflanz- oder Setzhölzer werden zum eigentlichen Säen oder Setzen verwendet.

Für gerade Reihen innerhalb der Beete und gleichzeitig für den gewünschten Abstand zwischen den Reihen, wie dies für Weißkraut oder Kartoffeln erwünscht ist, benutzen einige Bäuerinnen eigens dafür angefertigte Holzgeräte. Das sind Holzrechen *(Pflonzrechn, Krotza)* unterschiedlicher Bauart, die über das Beet gezogen werden – mit Zinken im gewünschten Abstand zueinander und der gewünschten Länge. Darüber hinaus kommen auch Pflanzbretter zum Einsatz, die in den Boden getreten werden (*Beentreta* = Bohnentreter). Mit diesen Hilfsgeräten sind nicht nur der Abstand in und zwischen den Reihen, sondern auch die Sätiefe konstant zu halten. Diese traditionellen Arbeitsgeräte wurden von der vorangegangenen Generation übernommen und früher laut Aussagen der Bäuerinnen beim feldmäßigen Anbau von Kartoffeln, Pferdebohnen, Weißkraut und Runkel im Feldgemüsebau verwendet. Da sich diese Geräte bewährt haben, dienen sie bei einigen Bäuerinnen, die keinen Acker mehr bewirtschaften, aber Pferdebohnen und Weißkraut im Garten anbauen, auch noch heute zur Gartenarbeit.

Bewässerung

Nicht nur die anstrengenden Arbeiten, die speziell im Frühjahr zu machen sind, sondern auch laufende Pflegearbeiten sind schon vom ersten Gartentag an notwendig. Eine immer wieder durchzuführende Arbeit ist die Versorgung der kultivierten Nutzpflanzen mit Wasser. Wurde früher meist das Wasser des Hofbrunnens oft auch von weither zum Gießen des Gartens verwendet, so befindet sich die Wasserversorgung

Die Wasserversorgung für den Garten ist heute meist direkt im Garten zu finden (Obertilliach)

heute meist in unmittelbarer Nähe des Gartens. Ein Leitungsanschluss für Wasser direkt im oder in der Nähe des Gartens ist bei fast allen Hausgärten zu finden. In den wenigen Hausgärten ohne Wasseranschluss sind die Bäuerinnen auf Wasser aus Regentonnen oder in einem Fall auf Wasser aus einem Bach angewiesen. Gegossen wird in der Regel mit der Hand, entweder mit Gießkannen oder mit dem Gartenschlauch.

Einige Bäuerinnen stellen fest, dass sie insbesondere im Frühjahr viel mehr mit der Gießkanne gießen als im Sommer. Gründe dafür sind vor allem die Empfindlichkeit neu eingesetzter Jungpflanzen, die Vermeidung des Mitgießens von Unkraut, die gering bepflanzte Fläche und der hohe Wasserverbrauch des Beregners. Die Beregnung wird meist nur im Sommer, wenn Arbeitsspitzen in anderen Bereichen zu bewältigen sind, eingesetzt. Einige Bäuerinnen gießen über das ganze Jahr hinweg die Pflanzen liebevoll mit abgestandenem, warmem Wasser mit der Gießkanne. Regentonnen, alte Fässer, andere ausgediente Behälter oder einfach viele Gießkannen werden daher nach Möglichkeit schon am Vortag mit Wasser gefüllt.

„Mit'n Stiel va do Haue ommo Bettlan ogimessn und noch Augenmoß die Pflanzlen mit'n Finger odo an spitzn Stecke dringsetzt, die Kinder on mit Wossokandilen is Wosso van Hausbrunnen ummagitrogn und die Muito ot gigossn mit do Giaßkondl."

Liebevoll wird in Gießkannen das Wasser vorgewärmt, um die Pflanzen nicht mit einem kalten Guss zu erschrecken (St. Veit)

Weiterlaufende Arbeiten

Für nachfolgende Arbeiten wie Lockern des Bodens und Jäten von Unkräutern finden kleine und leichte Gartenhacken Verwendung. Ein *Gortenhaiele* (ein langer Stiel mit einem herzförmigen Metallblatt, dem zwei Zinken gegenüberstehen), ein *Krallile* oder *Krotzale* (drei Zinken, meist an einem kurzen Stiel), ein *Unkrautschoba* (längliches Metallblatt in Form eines Rechtecks, nicht zugespitzt, mit der Längsseite über den Boden gezogen) sowie ein Kübel für das gejätete Unkraut kommen hier zum Einsatz.

Arbeit im Garten ist Anstrengung, kann aber auch entspannend sein (Nikolsdorf)

Beim Jäten wird besonders darauf geachtet, dass der Boden feucht ist und die Pflanzen nicht nur oberflächlich abgerupft, sondern so gut es nur geht mit der gesamten Wurzel entfernt werden. Dafür diente früher ein zugespitztes Holz, das heute ein Pflanzenstecher ablöst. Messer und Gartenscheren sind als die am häufigsten verwendeten Arbeitsgeräte anzusehen, da sie beim Ernten genauso wie beim Entfernen von Verblühtem oder Verwelktem gebraucht werden.

> *„Jäten, Pflanzlan ausziachn, schean hauen und auflockern, Steigelen grod mochn und sauber mochn, jätn tut man mit do Hond und a Gartenhaiele hots olbn schon geben zin auflockern."*

> *„An holzan Spieß, wenn die Wurzn frisch tiaf hent giwesn, an Eschenreiß oder irgendepes selles, zuigspitzt, ... a Spritzer isch in mehrischten Ort giwesn ... a Gortenhaiele isch giwesn, die sell hent zearscht selbo gschmiedet woarn, es ischt woll vanort a Schmied giwesn, der des gimocht hot, die Stiel hent die Hoselnussstauden giwehn, ... va selbo durre Steckn als Stiele lossn koane Spieße aus."*

Die angeführten Arbeitsgeräte, die im Garten heute zum Einsatz kommen, haben sich laut Aussagen der älteren Bäuerinnen kaum geändert. Früher wurden aber Teile der Geräte wie die Stiele selbst produziert oder ganze Geräte selbst hergestellt und nicht gekauft (verschiedene Holzrechen, zugespitzter Eschenzweig als Setzholz). Neu eingeführte Geräte oder Gartenzubehör sind in den Gärten zwar vereinzelt anzutreffen, allerdings lehnen der Sauzahn, die Särolle, der Handgrubber, die Sternradhacke und die Gartenkralle meist eher achtlos an einer Wand und kommen nur selten zum Einsatz. Ein Schuppen zur Aufbewahrung von Arbeitsgeräten innerhalb des Gartenbereiches ist bei keinem der untersuchten Hausgärten vorhanden. Die an den Garten anschließenden Gebäude sind in der Regel Haus und Hof oder Werkstatt. Selten verwendete Geräte finden sich dann etwa in der Werkstatt oder Garage. Geräte für regelmäßigen und häufigen Gebrauch werden auf dem Zaun aufgehängt oder an einer passenden Stelle im Garten abgestellt.

Nicht nur die Ordnung der Struktur innerhalb des Gartens, auch die Sauberkeit war früher und ist heute von besonderer Bedeutung. Die Ausdrücke *„hits muss i in Gorte woll wiedo amol saubomochn gean"* und *„in Gorten richten und schean mochn gean"* werden vielfach für die Tätigkeit des Jätens und Entfernens von Verwelktem und Verblühtem auch heute noch verwendet. Dies zeigt, dass für die Bäuerinnen ein sauberer Garten sozusagen der Idealzustand ist. Als Aushängeschild des Hofes musste früher auch der Platz rund um Garten, Haus und Hof ordentlich aufgeräumt, sauber und zusammengekehrt sein. Dies war eine Arbeit, die zumindest am Samstag durchgeführt werden musste. Um nicht als nachlässig zu gelten, wurde dies besonders dort eingehalten, wo viele Menschen vorbeigingen, wie in der Nähe der Kirche und des Dorfplatzes. Am Sonntag konnte so mit *„an bessan Gfühl"* und aufgeräumtem Gewissen arbeitsfrei geruht und die Kirche besucht werden. Ganz arbeitsfrei war der Sonntag zwar nicht, da die Tiere zu versorgen waren,

„Die Woche oan a zwoamol jäten, kimmt drauf on, wias Wetter isch giwesn, weniger Regn isch weniga giwochsn ... und is Platzl hot gimisst sauber gikehrt sein, do Weg hot ah gimisst sauber sein, ... sou viel Zeit isch olbn giweisn, man isch fria aufgstondn und man ot af die Nocht fria gessn."
„Ba ins is furchtbor hoagl olbn giwehn, olbn ommo somstagis nou gimisst in Gorte gean jäten und in Gorte schean mochn, weil do san sunntagis die gonzen Leit aufn Dorfplotze ... des wern woll olbn die Gietschn asou gimisst tian hobn, und Platzl kearn, weil ibroll Eade giwehn isch."

und gekocht musste auch werden. Arbeiten, die nicht unbedingt erforderlich waren, unterließ man.

Sommer

Durch die intensive Betreuung im Frühling geht der Garten in üppiger Pracht in den Sommer. Zu dieser Jahreszeit wird laut Aussagen mancher Bäuerin der Garten allerdings wegen wichtigerer Arbeiten am Hof wie Feldarbeiten, Mahd von Bergwiesen, Betreuung von Feriengästen etwas vernachlässigt. Hier ist zu beobachten, dass sogar der sonst nicht so beliebte, aber zeitsparende Beregner im Einsatz ist. Laufende Arbeiten, wie Nachsetzen und -säen, Aufbinden und Ernten, sind nicht mehr so aufwendig wie im Frühjahr. Bis auf die deutliche Zunahme von Unkraut wirkt sich die weniger intensive Betreuung nach Meinung

Im Sommer ist vielfach auch bei der Heugewinnung noch händische Arbeit zu leisten (Sillian)

der Bäuerinnen nicht negativ auf den Garten aus. Da die Zeitpunkte der Bearbeitung nicht genau fixiert sein müssen und deshalb eine relativ freie Gestaltung möglich ist, wird die Gartenarbeit aber auch im Sommer gemeistert. Den meisten Bäuerinnen gelingt die Synthese und Koordination mit anderen anfallenden Arbeiten laut ihren Einschätzungen sehr gut.

Besonders im Sommer, wenn im Garten alles üppig grünt und blüht, treten Schädlinge und Krankheiten auf. Dabei ist aber niemals der gesamte Bestand an Gartenpflanzen betroffen, sondern lediglich einzelne Pflanzenarten. Viele Bäuerinnen beobachten so zwar ab und zu Schädlinge oder Krankheiten, unternehmen aber nichts dagegen, da sich der Schaden in Grenzen hält. In etwa die Hälfte der Bäuerinnen, die Krankheiten oder Schädlinge feststellen, bekämpfen diese auch. Eine Gefährdung der gesamten Gartenproduktion war lediglich in einem Fall durch Schnecken festzustellen. In der Regel fehlt bei den Bäuerinnen das Wissen zur Benennung und fachkundigen Bekämpfung von Krankheiten und Schädlingen.

Die am häufigsten auftretenden Schädlinge im Garten sind Wühlmäuse, Schnecken, Ameisen, Drahtwürmer, Blattläuse und die Raupen der Kohlweißlinge. Die am häufigsten genannten Krankheiten sind Salatfäule, Echter und Falscher Mehltau, Kräuselkrankheit und Rost.

Es erfolgt kaum ein Einsatz von chemisch-synthetischen Spritzmitteln bei der Bekämpfung von Schädlingen und Krankheiten, da die Produkte des Gartens in erster Linie für den Eigenkonsum produziert werden. Wenn überhaupt chemisch-synthetische Mittel zum Einsatz kommen – das ist nur bei 17 Bäuerinnen gegen Schädlinge und bei 7 gegen Krankheiten der Fall –, dann nur bei Zierpflanzen. Bei den Nahrungspflanzen werden überwiegend alternative Mittel eingesetzt, Schädlinge per Hand abgesammelt und von Krankheiten befallene Pflanzenteile per Hand entfernt. Unkraut wird in jedem Fall per Hand beseitigt.

Kreativität ist nicht nur im Umgang mit Pflanzen, sondern auch mit unterschiedlichsten Materialien zu erkennen (Vogelscheuche an einem Gartenzaun in Assling)

Zur Vertreibung von Wühlmäusen werden in einigen Hausgärten Windräder und in zwei Hausgärten eingegrabene Flaschen verwendet. Die Geräusche der Windräder oder des über die Flaschenhälse wehenden Windes sollen die Tiere vertreiben. Vogelscheuchen sollen die Vögel daran hindern, Samen und Jungpflanzen zu

Gerade im Sommer ist in jedem Garten die kreative Handschrift seiner Bewirtschafterin zu erkennen (Kals)

Nur kurz sind die Wochen, in denen der Garten in üppiger Pracht zu bewundern ist (Kals)

Leere Flasche zur Vertreibung von Wühlmäusen (Sillian)

fressen. Einige Bäuerinnen klagen über den Ansturm von Spatzen auf junge Salatpflanzen, die völlig aufgefressen werden. In Problemlagen werden Beete und Jungpflanzen zur Vogelabwehr mit Vlies so lange zugedeckt, bis die Pflanzen kräftig genug sind, dass ihnen die Vögel nichts mehr anhaben können. Gartenkugeln dienen als Schmuck und lediglich bei einer Bäuerin zur Abwehr von Vögeln. Die glänzende und schillernde Oberfläche der Kugeln soll Vögel abschrecken.

Herbst

Der Sommer geht den meisten Bäuerinnen allzu schnell in den Herbst über. Nur kurz erscheinen ihnen die Wochen, wo alles im Garten explodiert und mit einer Windeseile wächst und gedeiht. Ist der Garten im Frühjahr und Sommer geprägt durch laufendes Ernten, Nachsäen und Nachsetzen und zum Teil auch schon das Anlegen von Vorräten, so gilt für den Herbst, dass sich die Vorratskammern immer mehr und mehr füllen und die Beete sich immer mehr und mehr leeren. Eine intensive Beschäftigung mit dem Anlegen von Vorräten für den kommenden Winter lässt manche Bäuerin an frühere Zeiten denken, wo der Erfolg einer guten Ernte notwendig war, um überhaupt den Winter gut zu überstehen. Auch das Vorbereiten des Gartens für die wohlverdiente Ruhepause im Winter gehört zu dieser Jahreszeit und wird spätestens im November durchgeführt. Durch das Abräumen von Verwelktem und Verblühtem und das Ab-

Mit dem Abräumen und dem Vorbereiten des Gartens auf den Winter wird vom Gartenjahr Abschied genommen (Assling)

decken der Beete und mehrjährigen Pflanzen mit Laub, Fichtenreisig oder anderen Materialien wird auch vom Gartenjahr Abschied genommen. Aber nicht mit Wehmut und Trübsal. Nach den vielen vollbrachten Leistungen haben sich sowohl die Pflanzen, die sich in ihre Wurzeln zurückziehen, als auch Bäuerinnen, die sich in ihre Häuser zurückziehen, eine ruhigere Jahreszeit redlich verdient.

> *„Seit mir selber wiedo mear Kräuto unbauen, san mir in Winto ah olbn viel gsinta. Des isch holt ah zin Vorbeign guit, na und eascht nou guit schmeckn anou."*

Winter

Der Winter und die Winterruhe werden mit Freude begrüßt, was aber nicht bedeutet, dass zu dieser Jahreszeit nicht an den Garten gedacht wird und keine Besuche im Garten stattfinden. Es ist keine Seltenheit, Endiviensalat noch Anfang Dezember sowie Lauch den ganzen Winter über aus dem eigenen Garten zu holen.
Wurde Brokkoli rechtzeitig im Sommer gesetzt, entwickelt sich auch dieser in einem gut geschützten und abgedeckten Frühbeet zu einer Winterdelikatesse. Von den eingelagerten Wasserrüben werden die weißlich grünen Triebe als Wintersalat verzehrt. Die Triebe der eingelagerten Wurzeln der Wurzelpetersilie dienen fast den ganzen Winter als frisches Grün für die Suppe. Abgesehen von den genannten Frischprodukten sind in erster Linie die vielen verarbeiteten Produkte gerade im Winter sehr gefragt. Die getrockneten Teekräuter, die oft zu Teemischungen zusammengestellt werden, sind die beste Vorbeugung gegen Grippe und Erkältung. Die eingekochte Hollersulze gibt Kraft und versüßt das Leben, und die tiefgefrorenen Kräuter erfreuen das Auge und den Gaumen, wenn sie in die Suppe kommen.

Hat man den Frühling, Sommer und Herbst eine lebende Vorratskammer vor der Haustür, so lebt man auch den ganzen Winter über direkt oder indirekt vom Garten. Es ist für die Bäuerinnen einfach ein Unterschied, ob sie das ganze Jahr über Eigenes genießen können oder auf Gekauftes zurückgreifen müssen. Das Zukaufen von Gemüse oder Salat wird zwar im Winter nicht abgelehnt, aber darauf hingewiesen, dass der eigene Salat besser schmeckt. Jedes selbst hergestellte Gartenprodukt, das auf den Tisch kommt, weckt auch im Winter die Erinnerung an das vergangene Gartenjahr.

> *„I on a Freide, wenn i meine Buschbohn va do Truhe ausatian konn ... noa sa mo weit weg van Gschäft und des war mo olls zi toir, mir san olbn asou sporsom augiwochsn ... Wos Gemüse unbelongt, kaaf i in Winter oft die längschte Weil nicht ... hi und do an Solot ... i on viel Vorrot ... des isch mir gonz wichtig ... es isch mo do Umweltschutz ah a wenn ungilegn und i on die Freide, solong is domoch."*

Wenn dann der im Winter ruhende Garten aus dem Fenster betrachtet wird, ist jene Zeit vorhanden, die im Sommer oft genug fehlt, um den Garten genau zu mustern. Zwar haben sich die Pflanzen zurückgezogen oder sind verschwunden, aber das Muster der Einteilungen ist nach wie vor zu sehen. Die Bäuerin weiß noch genau, wie und wo welche Art lange und schön geblüht hat, wo die Ernte besonders fruchtbar war, wo etwas nicht so gut gekommen ist und nur mickrig geblüht hat. Wenn die Wühlmäuse besonders lästig waren, denkt sie spätestens dann daran, wenn die tiefgefrorene Petersilie dieses Jahr nicht den ganzen Winter ausreicht.

Im Winter sind die Gedanken somit ebenso dem Garten gewidmet. Jetzt wäre manchmal auch die nötige Zeit vorhanden, die Wirtschaft und damit auch den Garten für ein paar Tage allein zu lassen. Aber nicht nur wegen der weiterhin zu betreuenden Tiere und den Kosten, sondern auch weil es die meisten Bäuerinnen gar nicht mögen, wird nur höchst selten weggefahren oder Urlaub gemacht. Die nötige Zeit, um Gartenbücher zu lesen und dann zu träumen, was alles möglich wäre, haben die Bäuerinnen übrigens auch nur im Winter. Gegartelt wird somit im Winter in erster Linie im Kopf.

Von den Zeitpunkten

Jede Jahreszeit hat ihren Schwerpunkt bei den zu erledigenden Arbeiten. Beim Setzen und Ernten im Garten gibt es allerdings nicht einen bestimmten Zeitpunkt, wie dies für den Feldgemüsebau (Kartoffeln, Zwiebeln, Karotten) typisch ist, sondern dies wird über das ganze Gartenjahr gemacht. Gesetzt wird, wenn in einem Beet eine Lücke entsteht oder wenn eine gewünschte Pflanzenart sich bald dem Ende zuneigt. Dieses Nachsetzen geht meist einher mit einem Saubermachen des Gartens (Unkraut jäten) und ist mit einem gewissen Zeitaufwand verbunden. Geerntet wird kurz vor der Zubereitung des Mittagessens oder nach Bedarf von Mitte April bis Ende November (bei gewissen Pflanzenarten wie Lauch und Petersilie auch noch darüber hinaus). Das Ernten führen die Bäuerinnen täglich durch, da es aber nur wenige Minuten in Anspruch nimmt, wird dies eher als Belohnung für die geleistete Arbeit angesehen und gar nicht als Arbeit empfunden.

Nicht nur auf die Jahreszeiten und die Veränderungen in der Natur wird naturgemäß Rücksicht genommen. Die Arbeiten im Garten richten die Bäuerinnen in jüngster Zeit auch zunehmend nach dem Mond und den Sternzeichen. Aus alter Überlieferung finden sich bei den Bäuerinnen keine Angaben über Regeln der Gartenbewirtschaftung. Der Garten spielte auch keine zentrale Rolle im früheren Arbeitsalltag, sondern war nebenbei zu erledigen.

> *„Zeascht isch weniga giwehn mit'n Scheine, sem hot mans gemisst tian, woll man doweil gehob hot, hetz eigentlich woll, is Gemiase ban onehmenden Scheine und die Bischle ban aufnehmenden Scheine."*

Allerdings sind den älteren Bäuerinnen Zeitpunkte, die beim Feldbau (Anbau von Kartoffeln, Mohn, Pferdebohne) eingehalten werden, bekannt. Sie erzählen, dass darauf früher Rücksicht genommen wurde. Es handelt sich dabei nicht ausschließlich um Mond und Sternzeichen, sondern meist um bestimmte Regeln der Abfolge von Arbeiten im Feldbau, die – nach Heiligen bezeichnete – Lostage kennzeichneten. Diese Lostage fanden und finden heute noch zum Teil in kirchlichen Feiern und im Brauchtum ihren Ausdruck. Diese Feiern brachten eine willkommene Abwechslung in den beschwerlichen Alltag. Und gerade in der heutigen schnelllebigen Zeit geben diese Feste durch ihre rhythmische Wiederkehr und die Verbundenheit zu unserer Herkunft Identität und bie-

Gärtnern nach Mond und Sternzeichen ist bei den Bäuerinnen heute weitverbreitet

ten Halt. Wie der Garten mit dem Brauchtum verknüpft ist, welche Feiern besonders mit ihm zusammenhängen und welchen Veränderungen diese unterliegen, wird bei der Nutzung der Pflanzenarten ausgeführt.

Mondkalender sind erst seit einigen Jahren in aller Munde. Nachgeschlagen wird in Büchern und Kalendern wie dem Aussaatkalender von Thun, dem „Bauernkalender" oder „Vom richtigen Zeitpunkt." Informationen werden auch aus dem Radio aufgenommen. Da die Bäuerinnen sich aber in erster Linie nach ihrer verfügbaren Arbeitszeit und nach dem Wetter richten, hält sich der Großteil nur ab und zu an diese Regeln. Geachtet wird vor allem beim Säen und Setzen, hier in erster Linie bei Salat, auf Mond und Sternzeichen. Einige Bäuerinnen nehmen das Gärtnern nach dem Mond sehr genau und richten sich auch bei anderen Arbeiten wie Umgraben, Jäten und Ernten danach. Andere wiederum schreiben diesem überhaupt keinen Einfluss zu. Diese Bäuerinnen weisen dabei darauf hin, dass für sie der Boden und andere eingesetzte Produktionsmittel wichtiger sind als Regeln und dass sie Lücken nach der Ernte sofort mit Jungpflanzen auffüllen und nicht erst auf den richtigen Tag warten.

Die Bäuerinnen in Osttirol probieren somit auch Neues aus. Dabei zählt aber das eigene Gefühl mindestens genauso viel wie die ausprobierten neuen Ratschläge, Regeln und Weisheiten, die nicht immer ganz so streng eingehalten werden. Die Freude an der Arbeit, der eigene Erfahrungsschatz des bisherigen Arbeitens und das neu Gelesene oder Gehörte werden kombiniert. Regeln und Weisheiten in Gartenbüchern sind nicht immer praktisch umsetzbar. Das neu Ausprobierte wird nur dann in den Arbeitsablauf der Bäuerinnen integriert, wenn es sich bewährt. Dass die Bäuerinnen dieses Gespür und Gefühl entwickelt haben und dieses zulassen und ernst nehmen, ist ein Beweis dafür, dass das Selbstverständnis und Selbstbewusstsein für diesen Arbeitsbereich groß ist.

Botanische Zusammensetzung

Pflanzenarten, die in den Osttiroler Gärten wachsen, sind auf der einen Seite bewusst gewollte, gehegte, gepflegte Arten, aber auch solche Arten, die toleriert werden, weil sie für die Bäuerin einen Nutzen aufweisen. Diese Pflanzenarten nenne ich hier kultivierte Nutzpflanzen.

Auf der anderen Seite wachsen in den Gärten auch ungewollte Pflanzen. Diese bezeichnen die Bäuerinnen (und daher auch dieses Buch) als Unkräuter.

Erschwert wird die so einfach erscheinende Einteilung dadurch, dass ein und dieselbe Pflanzenart sowohl kultivierte Nutzpflanze als auch Unkraut sein kann, je nach Garten, den man betritt. Durch den Umstand, dass in den Gärten Zufälle und Veränderungen immer ihren Platz haben, ist die vorgenommene Einteilung der Pflanzenarten in diese beiden Gruppen nur eine Momentaufnahme, die nicht als starre Einteilung aufzufassen ist.

Unkraut

Damit der Garten nicht verwildert und zuwuchert, achtet die Bäuerin sorgsam darauf, dass diejenigen Arten gestärkt werden, die sie für ihren Nutzen angebaut hat. Diese Stärkung der gewünschten Arten bedeutet gleichzeitig eine Bekämpfung der unerwünschten Arten. *Gross, Woose* oder *Jotach*, wie das Unkraut in Osttirol auch noch heißt, wird daran gehindert, als Konkurrent um Platz, Licht, Wasser und Nährstoffe die Nutzpflanzen zu verdrängen und zu ersticken. Interessanterweise gibt es für die Bäuerinnen Unkräuter, die sie gern im Garten sehen. Lassen sich Unkräuter beim Jäten leicht und mit der gesamten Wurzel entfernen, dann ist diese Arbeit für die Bäuerinnen, wie sie wörtlich sagen, eine richtiggehende Freude und mit Begeisterung werden diese Pflanzen herausgezogen. Zu diesen Arten zählen unter anderen die *Moltn* (Weißer Gänsefuß), *Toan* (Stechender Hohlzahn) und *Franzousngross* (Franzosenkraut).

» *„Is Jätn war jo woll richtig luschtig, obo wenn e an san Saumoogn odo Saugross drinhosch, noa kimmt man woll oftramol ins Fluichn, fria ot man olbn gsoot: Putzisch du mo's Fiaßl, noa stärk i dos Miasl."* «

Auf der anderen Seite gibt es Unkräuter, die eine Plage und Qual für die Bäuerin darstellen. Diese Arten zu entfernen ist oft mit mühevoller Arbeit verbunden. Sie lassen sich durch keinerlei Maßnahmen ganz vertreiben und machen somit das Jäten und Arbeiten im Garten auch mühevoll. Diese Quälgeister haben den Namen Unkraut auch wirklich verdient, und so manche Bäuerin kann bei dieser Arbeit auch das Fluchen nicht lassen. Wenn man sie einmal im Garten hat, wird man sie leider so leicht nicht wieder los, weil sie ihre Wurzelausläufer nach allen Seiten schicken und/oder ein großes Wurzelwerk besitzen. Ein restloses Entfernen gelingt laut Aussagen der Bäuerinnen kaum, und aus jedem nicht entfernten Teilchen der Wurzel wächst wieder eine neue Pflanze. Dazu zählen beispiels-

Für manche Bäuerin wird Unkraut zur kultivierten Nutzpflanze. Die kleine Wegmalve (Bildmitte) ist als Heilpflanze im Garten erwünscht und wird deshalb nicht gejätet und auch nicht als Unkraut bezeichnet (Kartitsch)

weise der Erdholler oder Giersch, die Quecke, das Klettenlabkraut, aber auch die Vogelmiere. Obwohl die meisten Unkräuter den Bäuerinnen nicht namentlich bekannt sind, erkennen sie

> *„Wenn man a bissl Praxis hot, noa kennt man des glei, es wochst jo olbn is Gleiche, des kennt man noan jo glei außa."*

schon im Keimblattstadium der Pflanzen, ob es sich um eine gewollte oder ungewollte Pflanzenart handelt. Es gibt auch interessierte Bäuerinnen, die mit einem botanischen Bestimmungsbuch auf der Suche nach den Namen und eventuellen Nutzungen dieser Pflanzenarten sind.

Früher wurden Unkräuter – in erster Linie jene des Feldgemüses und Leinanbaus – immer den Tieren verfüttert. So manche Kleinbäuerin jätete bei einem Großbauern und bekam als Lohn dafür nur das, was sie gejätet hatte, um es dann den Ziegen oder Kühen zu Hause zu verfüttern. Wenn im eigenen Garten gejätet wurde, so wurde das Unkraut den Hennen über den Zaun geworfen, die sich meist gleich nebenan im Freien aufhielten. Besonders beliebt war die Vogelmiere. Die gesammelten Pflanzen gab man klein gehackt dem Federvieh als Nahrung.

Einige von der Botanik üblicherweise als Kulturpflanzen angesprochene Pflanzenarten nutzen manche Bäuerinnen nicht, sondern bezeichnen sie als Unkraut und jäten sie regelmäßig. Darunter sind Arten, die ursprünglich im Garten kultiviert und erwünscht waren, die sich aber so intensiv und stark vermehrten, dass sie die Bäuerinnen nicht mehr in den Gärten dulden. Der Borretsch, die Echte Kamille, die Andenbeere (Physalis), das einjährige Bohnenkraut und die Kanadische Goldrute zählen dazu. Manche Kulturpflanze wie der Lein und der Hanf sind vom Vogelfutter aufgegangen und werden ebenfalls von einigen Bäuerinnen nicht geduldet, gejätet und als Unkraut bezeichnet.

Da die Bäuerinnen in erster Linie stolz auf ihre kultivierten Nutzpflanzen sind und ein Gartl nur dann als schön empfunden wird, wenn es sauber ist, war es manchmal nicht möglich, auch nur ein einziges Unkraut im Garten zu entdecken. Da mein Besuchstermin im Gartl immer angekündigt war, war oft vor den Erhebungen sehr gründlich gejätet worden. Insgesamt wurden aber trotzdem in allen Osttiroler Gärten 133 Unkräuter gefunden, die 33 Pflanzenfamilien angehören. Die artenreichste Pflanzenfamilie ist die Gruppe der Korbblütler mit 15 Arten, gefolgt von den Familien der Lippenblütler mit 12 Arten sowie den Kreuzblütlern und Nelkengewächsen mit je 10 Arten. Die 5 am weitesten verbreiteten Unkrautarten in den Gärten sind die Vogelmiere (in 155 Gärten), der Löwenzahn (in 141 Gärten), der Giersch (in 135 Gärten) und die Purpur-Taubnessel (in 101 Gärten). Von den 133 Pflanzenarten sind in Mitteleuropa 106 Arten heimisch, 3 nicht heimisch, 17 eingebürgert und 5 nur in Kultur bekannt. Von 2 Arten ist die Heimat unbekannt.

Die Gliederung der 133 Unkrautarten in ihre Lebensdauer zeigt ein deutliches Überwiegen der Einjährigen mit 63 Arten und Stauden mit 56 Arten. Sträucher sind lediglich mit 2 Arten vertreten, die mit einer Art in je einem Garten vorkommen, während Einjährige sowie Stauden in den meisten Hausgärten mit mehreren Arten anzutreffen sind (Erklärungen zur Lebensdauer siehe auch „Kultivierte Nutzpflanzen").

Die große Brennnessel (vorne) darf in diesem Garten außerhalb des Gartenzaunes wachsen, weil sie von der Bäuerin vielseitig genutzt wird (Sillian)

Kultivierte Nutzpflanzen

Anzahl kultivierter Pflanzenarten

Insgesamt wurden in den 196 untersuchten Gärten 587 kultivierte Nutzpflanzenarten, -unterarten bzw. Variäteten (jedoch nicht Sorten) gefunden (in Folge bezeichne ich beide wegen des einfacheren sprachlichen Ausdrucks als „Arten“). Diese Arten gehören 101 Pflanzenfamilien an. Die mit Abstand artenreichste Pflanzenfamilie ist die Gruppe der Korbblütler *(Asteraceen)* mit 103 Arten, gefolgt von den Familien der Lippenblütler *(Lamiaceen)* und Rosengewächsen *(Rosaceen)* mit 44 Arten sowie die Liliengewächse *(Liliaceen)* mit 34 und die Kreuzblütler *(Brassicaceen)* mit 32 Arten.

In den einzelnen Gärten werden zwischen 7 und 119 Pflanzenarten kultiviert. Im Mittel befinden sich in jedem Garten 42 verschiedene Pflanzenarten. Die Verbreitung der kultivierten Pflanzenarten ist deutlich unterschiedlich. 155 verschiedene Arten kommen jeweils nur in einem Garten vor. Dagegen kommen 13 Arten in mehr als 50 % der Hausgärten vor. Die am weitesten verbreiteten Arten sind Kopfsalat (in 194 Hausgärten) und Schnittlauch (in 189 Hausgärten).

Lebensdauer der Pflanzenarten

Die Bäuerinnen kombinieren Pflanzenarten mit unterschiedlicher Lebensdauer und besitzen die Kenntnis, wie diese Wachstumseigenheiten jeder Art in der Kultivierung zu berücksichtigen sind. Durch diese Kombination ist der Garten immer auch ein Ort der Abwechslung. Obwohl die Bäuerinnen ihre Pflanzenarten nicht nach Lebensdauer einteilen, wissen sie aus Erfahrung, wie sie mit ihnen umgehen müssen, weil sie die Pflanzen beobachten, sich mit ihnen beschäftigen und sie ein Stück lang, sogar ein Leben lang begleiten.

Dieses Begleiten der Pflanzenarten birgt allerdings immer auch Überraschungen. Wenn eine Art, die schon viele Jahre im Garten gewachsen ist, plötzlich nicht mehr wiederkommt, ist wohl jede Bäuerin über den Verlust auch traurig. Dafür gedeiht vielleicht an einer anderen Stelle etwas ganz Unerwartetes, das möglicherweise von Vögeln, vom Kompost oder vom Wind in den Garten eingebracht wurde.

Wenn ein Haselnussstrauch im Frühjahr inmitten eines Schnittlauchstockes aufgeht, freut sich die Bäuerin und weiß, dass sie selber durch das Abdecken mit Haselnusslaub im Herbst den Samen ungewollt dort angesiedelt hat und jetzt überrascht und belohnt wird. Manche Bäuerin findet auch ihren Spaß daran, zu beobachten, was alles vom Vogelfutter aufgeht. Lein und Hanf sind meist immer mit dabei. So findet in den Gärten Vorherzusehendes genauso seinen Platz wie Spontanes, Altbewährtes genauso wie Neues, Lästiges genauso wie Angenehmes, Enttäuschendes genauso wie Erfreuliches.

Stauden

Stauden sind ausdauernde, unverholzte, so genannte krautige Pflanzen, die mehrere Jahre leben und alljährlich blühen und fruchten. (In der Osttiroler Umgangssprache wird das Wort „Staude” für verholzte Sträucher eingesetzt, deren Holz im Herbst nicht abstirbt.) Die Gliederung der 587 kultivierten Pflanzenarten in ihre Lebensdauer zeigt ein deutliches Überwiegen der ausdauernden Stauden mit 292 Arten (in Osttirol werden allerdings die Sträucher umgangssprachlich als Stauden bezeichnet und nicht die Stauden).

Diese Pflanzenarten, die über viele Jahre hinweg jedes Jahr blühen und fruchten, haben einen fixen Platz im Garten. Sie kommen Jahr für Jahr an derselben Stelle wieder und wechseln nur von Zeit zu Zeit ihren Platz, wenn die Bäuerin sie ausjätet und an anderer Stelle wieder einpflanzt. Beispiele für ausdauernde Stauden sind der Phlox, der Gilbweiderich und die Herbstastern. Aber auch der Schnittlauch, der Rhabarber, der Oregano und die Minzen sowie Zwiebel- und Knollenpflanzen wie Narzissen, Taglilien und Schwertlilien gehören dazu.

Eine Vermehrung der Stauden im Garten findet über Samen (bei Schnittlauch) oder Ausläufer (bei Minzen) statt. Bei einem guten Wachstum des Wurzelstockes wird dieser auch von den Bäuerinnen geteilt (bei Phlox). Stauden sind besonders in kalten, trockenen Wintern vom Ausfrieren gefährdet. Das ist der Grund dafür, dass Bäuerinnen nach dem Rückschnitt im Herbst die Wurzelstöcke mit Reisig oder Laub zudecken. Enttäuschung macht sich breit, wenn eine ausdauernde Pflanzenart den Winter nicht überlebt hat und nicht mehr wiederkommt.

Einige Stauden, die sich ohne das Zutun der Bäuerinnen im Garten ansiedeln, behandeln zwar die meisten Bäuerinnen als Unkraut und dulden sie nicht im Garten, während sie bei anderen geradezu erwünscht sind. Als nutzbare Wildkräuter werden sie im Garten toleriert, ja sogar gepflegt. Durch diese Sonderbehandlung werden Pflanzenarten, wie zum Beispiel der Spitzwegerich, die Große Brennnessel, der Gute Heinrich, Weidenröschenarten, die Gundelrebe oder die Kleine Wegmalve in den Gärten einiger Bäuerinnen zu kultivierten Nutzpflanzen.

Ein- und zweijährige Arten

Einjährige Arten blühen und fruchten einmal in ihrem Leben, und zwar im selben Jahr der Aussaat. Sie sind krautig, d. h. unverholzt. Zweijährige Arten blühen und fruchten einmal in ihrem Leben, aber erst im zweiten Jahr,

Mehrjährige Blütenstauden sind besonders beliebt, weil sie Jahr für Jahr an derselben Stelle wiederkommen (Eisenhut)

nachdem sie überwintert haben. Sie sind ebenfalls krautig. Von den 587 kultivierten Nutzpflanzen sind an zweiter Stelle die ein- und zweijährigen Pflanzen und Zwischenformen mit 170 Arten vertreten.

Für manche dieser Arten ist kennzeichnend, dass sie sich durch Selbstaussaat im Garten immer und immer wieder von allein ansiedeln. Dabei wird den Bäuerinnen die Arbeit der Vermehrung und Neuaussaat erleichtert, und das auch noch kostenlos. Aus diesem Grund sind diese Arten bei den Bäuerinnen sehr beliebt. Wenn ein Mohn, ein Dill oder sonst ein eigenwilliges Pflanzerl sich im Gemüsebeet, außerhalb des Gartenzauns oder an einer anderen ungewünschten Stelle ansiedelt, bringt die Bäuerin ein Ausjäten kaum übers Herz. Der Vorschlag der Pflanze, wo sie wachsen will, wird dann meist angenommen und ein Umpflanzen findet nicht statt. Für einige dieser Arten ist auch bezeichnend, dass sie nach dem Umpflanzen nur mehr schlecht weiterwachsen, wie beispielsweise Klatschmohn. Wenn sie aber an Ort und Stelle, wo sie aufgehen, belassen werden, gibt es große, kräftige und widerstandsfähige Pflanzen.

Bei diesen sich selbst vermehrenden ein- und zweijährigen Pflanzenarten achten die Bäuerinnen im Sommer und Herbst darauf, dass sie so lange im Garten stehen bleiben, bis die Samen reif und ausgefallen sind. Wenn sie nicht zur Genüge von allein ausfallen, dann streut die Bäuerin vor dem Entfernen der verwelkten Stängel die Samen noch in die Erde. Im Frühjahr darf dann nicht mehr tief umgestochen werden, weil diese Arten sonst nicht mehr keimen.

Tigerlilie

Geduldiges Abwarten dessen, was sich noch entwickelt, fällt vielen Bäuerinnen gerade im Frühjahr schwer. Das wird aber belohnt, da nur durch das In-Ruhe-Lassen sich diese gewünschten Arten einfinden. Durch das ständige Beobachten und Arbeiten mit den Pflanzen werden die Arten schon an den winzigen Keimblättern erkannt. Erst durch Ausprobieren und sich dabei auch einmal irren haben die Bäuerinnen diese Fähigkeit erlernt. So ist bei mancher Bäuerin aus winzigen Keimblättern oft genug auch ganz was anderes gewachsen als vorher angenommen. Arten, die von den Bäuerinnen immer wieder erwartet werden, sind Ringelblume, Kornblume, Echte Kamille, Fingerhut, Marienglockenblume, Löwenmaul und Bartnelken. Auf die Selbstaussaat kann sich die Bäuerin aber nicht zu hundert Prozent verlassen. Es ist auch hier schon vorgekommen, dass sehnlichst erwartete Pflanzen ausgeblieben sind.

Die meisten der einjährigen und zweijährigen Arten vermehren sich allerdings nicht eigenständig durch Selbstaussaat. Für einige dieser Arten wie die Zinnien oder das Basilikum ist unser Klima nicht geeignet, und die Samen oder Jungpflanzen würden im Winter erfrieren. Andere Arten wie Salat, Rohnen, Radieschen und Petersilie (vor allem Arten, die erst im zweiten Jahr blühen) werden von den Bäuerinnen an der Selbstaussaat gehindert, weil sie noch vor der Blüte oder vor der Samenreife ge-

Mehrjährige Blütenstauden haben einen fixen Platz im Garten (Sillian)

Die Bartnelken (als zweijährige Art links) und die Ringelblumen (als einjährige Art rechts) vermehren sich in den Gärten meist durch Selbstaussaat

erntet werden. Viele dieser Arten verlieren auch die gewünschten sortentypischen Eigenschaften, wenn sie nicht kontrolliert vermehrt werden. All diese Arten müssen aktiv von den Bäuerinnen jedes Jahr neu in den Gärten ausgesät oder ausgepflanzt werden.

Sträucher und Bäume

Sträucher und Bäume sind holzige, ausdauernde Pflanzen, die mehrere Jahre leben und alljährlich blühen und fruchten. Die Sträucher (in Osttirol werden die Sträucher umgangssprachlich auch als Stauden bezeichnet) sind mit 69 Arten vertreten. Bei diesen Arten wird darauf geachtet, dass sie entweder nicht sehr hochwüchsig sind oder das Zurückschneiden gut vertragen. Damit verschwenden sie keinen Platz und machen den meist lichthungrigen Stauden und ein- und zweijährigen Pflanzenarten keine Konkurrenz. Diese Arten werden immer entlang des Zaunes innerhalb oder außerhalb des Gartens gesetzt. Sträucher wie Flieder, Buchsbaum, Ribisel und Haselnuss haben einen fixen Platz, der nicht verändert wird. Viele dieser Sträucher werden im Herbst zusammengebunden, damit der Schnee ihre verholzten Zweige nicht abbricht oder niederdrückt.

Bäume sind nur mit 26 Arten in den Gärten vertreten. Laut Aussagen der Bäuerinnen liegt der Grund für das geringe Vorkommen in der Konkurrenz großer Bäume um Licht, Wasser und Nährstoffe, wenn sie am Rand des Gartens stehen. In der Mitte eines Gartens würden sie nicht nur aus rein ästhetischem Empfinden

Sträucher wie Ribisel und Flieder werden gern entlang des Zaunes gesetzt (Matrei)

nicht geduldet werden, sie wären auch beim Umgraben ziemlich hinderlich. Mehrere Stockwerke innerhalb eines Gartens, wie sie in mediterranen und tropischen Gärten oder auch bei uns in Schrebergärten bekannt sind, findet man so in Osttirol nur vereinzelt.

In einigen Fällen grenzt der Garten mit einer Seite direkt an die Wand des Wohn- oder Futterhauses oder eines anderen Gebäudes an. Hier sind Spalierobstbäume innerhalb des Gartenbereiches zu finden. Diese Bäume bilden dann auch keinen Schatten und dürfen in den Gärten auch groß werden.

Dass der Garten für Bäume eine Kinderstube ist, die sie nach kurzer Zeit wieder verlassen müssen, ist dagegen schon häufiger zu beobachten. So werden aus Samen Jungbäume gezogen oder Bäume als Keimlinge in den Garten geholt und dort gepflegt. Wenn sie die richtige Größe oder das geeignete Alter erlangt haben, kommen sie an den eigentlichen Bestimmungsort in den Obstgarten oder in den Wald. Es kann auch vorkommen, dass zugekaufte Jungpflanzen beim Setzen von Obstgärten übrig geblieben sind und dann im Garten gelandet sind, wo sie noch immer darauf warten, doch noch einen endgültigen Platz zugewiesen zu bekommen.

Wenn Bäume im Garten groß werden dürfen, dann waren diese meist ein Geschenk von Verwandten, Freunden, Bekannten oder von Gästen, an denen Erinnerungen hängen. Hier wird auch in Kauf genommen, dass sie Schatten für die kultivierten, meist lichtliebenden Pflanzen im Garten machen und doch einigen Platz brauchen.

Herkunft der Pflanzenarten

Was am Garten beständig ist, ist die Tatsache, dass er jedes Jahr von den Bäuerinnen bearbeitet werden muss, da er sonst dem natürlichen Prozess der Verwilderung zum Opfer fällt. Über diese Beständigkeit hinaus sind Wandel und Veränderung der Gärten nicht nur Tag für Tag, Jahr für Jahr, sondern auch im Laufe dieses Jahrhunderts zu beobachten. So hat sich gerade in den letzten 30 Jahren eine besonders rasante Veränderung bei dem Bestand an Pflanzenarten in den Gärten vollzogen.

Wurden bis in die 60er-Jahre des 20. Jahrhunderts nur einige wenige Pflanzenarten in den Gärten angebaut, so hat heute ein regelrechter Boom eingesetzt, der vielen Pflanzenarten die Gartentür geöffnet hat. Früher war es üblich, in einem kleinen Garten 10 bis 15 verschiedene Pflanzenarten anzubauen, wobei in manchen Gärten auch nur eine Art, und zwar der Schnittlauch, zu finden war. Für die gesamte Region Osttirol haben die älteren Bäuerinnen alle zusammen zirka 51 Arten, die für die Gärten der damaligen Zeit typisch waren, aufgezählt. Heute sind in einem Garten durchschnittlich 42 Pflanzenarten (früher 10 bis 15) anzutreffen und für die gesamte Region konnten 587 Arten erhoben werden. Dieser dramatische Wandel im Garten geht einher mit vielen Neuerungen auch in anderen Bereichen.

Eine der einschneidendsten Veränderungen, die sich in den letzten Jahrzehnten in den bäuerlichen Dörfern in Osttirol vollzogen haben, ist jene in Bezug auf die Überwindung von längeren Wegstrecken. Früher war man in erster Linie zu Fuß oder manchmal auch mit dem Pferdefuhrwerk unterwegs. Weitere Strecken, wie in die Stadt oder in andere Dörfer, wurden nur von einigen wenigen Leuten wie den Boten oder nur zu speziellen Anlässen durchgeführt.

Heute kann jede Bäuerin andere Bauernhöfe, andere Dörfer und auch die Stadt fast jederzeit leicht und bequem mit dem Auto erreichen. War früher im Dorf zumindest ein jeder Bauernhof auf möglichst weitgehende Selbstversorgung ausgerichtet und hatte auch nur geringe oder gar keine Barmittel zur Verfügung, so verfügen die Menschen heute durch die Änderung der Wirtschaftsweise über Bargeld.

Diese geringe Mobilität der damaligen Zeit sowie die knappen Barmittel, wo man auf eine sparsame Arbeitsweise angewiesen war, um zu überleben, wirkten sich auch auf die Geschichten und Herkünfte der Pflanzenarten aus. So spielte die Weitergabe von Saat- und Pflanzgut von der einen Generation auf die andere und das Tauschen von Saat- und Pflanzgut innerhalb des Dorfes für die Erhaltung und Veränderung der Pflanzenzusammensetzung in den Gärten in der Vergangenheit die wichtigste Rolle. Falls sich doch eine neue Art in den Gärten eingefunden hatte, war dies eine Ausnahme. So war man zu speziellen Markttagen, maximal ein- bis zweimal im Jahr, nach Lienz gegangen. Dabei wurde manche Pflanzennovität am Markt oder bei den Jesuitenpatern erstanden. Einige Bäuerinnen berichten auch von Verkaufsständen von Gärtnereien im Dorfzentrum, die im Frühjahr für den Verkauf von Samen aufgestellt wurden. Darüber hinaus konnte man bei einigen darauf spezialisierten Bäuerinnen Samen- und Pflanzgut erstehen. Der vermehrte Kauf von Saat- und Pflanzgut in der Stadt sowie in den Geschäften der Gemeinden und Bestellungen per Katalog sind eine jüngere Entwicklung.

> *„Mir hon do umanondo woll asou is Zeug bikemm, isch woll asou hin- und hergitroot worchtn, se isch weank va weiter her gikaaft worchtn, se ot man woll do asou giredt und gfroot, brauchsche nou, bivor i se außreiß, bold man se drauß koot ot, ot man umekaut und Solant gsetzt wiedo."*

Die Weitergabe von Generation zu Generation

Früher wurden in den Hausgärten fast ausschließlich kräftige und widerstandsfähige Pflanzenarten, die viele Jahre am gleichen Standort blieben, angebaut. Dies waren in erster Linie ausdauernde Stauden und Sträucher, die keiner intensiven Pflege bedurften. Dazu zählten auch Zwiebel und Knollenpflanzen, die jedes Jahr wieder von allein kamen oder nach einer Überwinterung im Keller oder Dachboden wieder zur Verwendung kamen. Auch einjährige Pflanzenarten, die sich bei einmaliger Ansiedelung im Garten selbst wieder aussäten, waren sehr beliebt, um nicht auf den Markt zurückgreifen zu müssen.

Für viele der traditionellen Pflanzenarten ist bezeichnend, dass sie einfach von der nächsten

> *„Maiglegglan kemmen olba wieda, setnans wos holt kemm isch, und wos man olle Johr ot wiedo hernemm gikennt, Gladioulen, wos man holt la asou steckn gibraucht ot, net wieda neu kaafn gimisst, Aschtern selba Suumen ogitun, Phlox, außant umma ban Zaun ... wos holt giweinlich bliebn isch und wiedo kemm isch, wos man holt drinn ot gilot außant umma."*

Gartenbearbeiterin nicht aus dem Garten entfernt, sondern weiterhin kultiviert und genutzt und somit von einer Generation auf die nächste weitergegeben wurden. Diese Art der Weitergabe, bei der die Bäuerinnen nicht bewusst oder aktiv vermehren, findet auch heute noch statt. Dadurch sind dann Arten in den Gärten anzutreffen, die sich schon über einen langen Zeitraum im Garten befinden. Beispiele für solche traditionellen Pflanzen sind vor allem ausdauernde Stauden (Liebstöckl, Eibisch, Wermut), welche mitunter ein sehr hohes Alter erreichen können. Sich selbst aussamende Arten wie Kamille und Ringelblume gehören auch zu den Pflanzen, die ohne viel Zutun der Bäuerinnen schon lange im Garten wachsen. Jahresangaben der Bäuerinnen zum Alter dieser übernommenen Pflanzenarten bewegen sich zwischen 20 und 100 Jahren und werden oft als *„immer schon im Garten gewesen"* bezeichnet. Inwieweit es sich um Sorten von Pflanzenarten handelt, die nicht mehr oder nur mehr vereinzelt im Handel erhältlich sind, wurde im Rahmen der Arbeit nicht untersucht.

Bei denjenigen Pflanzenarten und deren -sorten, die schon mehr als 50 Jahre im Garten überdauert haben, ist anzunehmen, dass es sich um alte, traditionelle Pflanzenarten und -sorten handelt, da sich die Pflanzenartenzusammensetzung im Garten erst in den 60er-Jahren nach und nach stark verändert hat (siehe Tabelle 1 im Anhang). Zusätzlich ließen sich bei 5 Betrieben alte Sorten *(„immer schon auf dem Hof")* von Gebirgshängenelken *(Dianthus caryophyllus)* und bei 3 Betrieben stehende Geranien (Pelargonium-Hybriden) als traditioneller Blumenschmuck für den Balkon oder am Haus finden.

Die in Tabelle 1 genannten Arten bleiben auch heute ohne viel Arbeitsaufwand im Garten erhalten und es bestand und besteht keine Notwendigkeit, jedes Jahr Saat- oder Pflanzgut zu produzieren.

Vermehrung von Saat- und Pflanzgut

Eine Form der Weitergabe an die nächste Generation ist auch die jährliche, mehrere Arbeitsschritte umfassende Saat- und Pflanzgutgewinnung. Diese bewusste Form der Vermehrung der Arten war noch vor einer Generation notwendig, um vom Markt unabhängig produzieren zu können. Dabei wurden, ja mussten in Osttirol noch bis weit nach dem Zweiten Weltkrieg die für die Selbstversorgung bei den meisten Bauern feldbaumäßig kultivierten Arten wie Getreide, Hackfrüchte und Feldgemüse auch selbst nachgebaut werden. Landsorten wurden so auf den Höfen von Generation zu Generation in Form von Samen (generative Vermehrung), Zwiebeln und Knollen (vegetative Vermehrung) weitergegeben.

Unter Landsorten werden Formengemische oder Populationen aus mehreren verschiedenen erblichen Typen verstanden, die sich in längeren Zeiträumen in definierten Regionen entwickelt haben und keiner systematischen züchterischen Bearbeitung unterworfen waren. Allerdings entstanden sie unter dem Einfluss der natürlichen und der bewussten menschlichen Selektion (nach Kuckuck et al. 1985).

Bei den Getreidearten wie Roggen, Weizen, Hafer und auch beim Feldgemüse wie Pferdebohnen, Stangenbohnen, Erbsen und Mohn wurde ein eigens dafür vorgesehener Teil der Ernte, der gleichzeitig Lebensmittel und Saatgut darstellte, bis zur nächsten Aussaat aufbewahrt. Bei einigen einjährigen Pflanzenarten des Gartens wurden die Samen trocken in einem Tuch oder Gefäß im Haus bis zur Aussaat aufbewahrt, wie beispielsweise die Sommeras-

Alte Sorten von stehenden Geranien sind traditioneller Blumenschmuck am Haus (Assling)

Alte Sorten der Gebirgshängenelke, die von einer Generation auf die nächste weitergegeben werden, sind nur mehr bei wenigen Bäuerinnen am Söller (Balkon) zu bewundern (Gaimberg)

tern. Auch einige vegetativ vermehrte Zwiebelpflanzen wie die Dahlien mussten jedes Jahr trocken und frostfrei am besten am Dachboden oder im Keller überwintert werden. Bei den Schalotten wurden mittelgroße Zwiebeln aufbewahrt und wieder gesteckt.

Eine besondere Stellung in der Produktion von Saatgut nahmen und nehmen auch heute die zweijährigen Arten, Weißkraut *(Brassica oleracea var. capitata alba)*, Wasserrübe *(Brassica rapa ssp. rapa)* und Steckrübe *(Tuschn, Brassica napus ssp. rapifera)* ein, da diese Arten erst im zweiten Jahr blühen und Samen tragen. Um erfolgreich Samen ernten zu können, müssen die Bäuerinnen mehrere Arbeitsgänge in einer genauen zeitlichen Abfolge beherrschen und die nötigen Räumlichkeiten außerhalb des Gartens zur Verfügung haben.

Für diesen Zweck sind die im Herbst geernteten Köpfe des Weißkrautes sowie die Wasserrüben und Tuschn in einem kühlen, aber frostfreien Keller, der feucht, aber nicht zu feucht ist, aufzubewahren. Die Rüben werden meist am Boden überwintert, gemeinsam mit den Rüben, die als Futter für die Kühe im Winter dienen. Wichtig ist, die Blätter nicht ganz zu entfernen, sondern nur einzukürzen und die Wurzel dranzulassen. Manche Bäuerinnen bewahren die Rüben mit einem feuchten Tuch zugedeckt in einem Holzgefäß auf, oder die Rüben werden im Garten eingemietet. Die Krautköpfe werden mit dem Kopf nach unten am Stängel aufgehängt, um vor Fraßschädlingen wie den Mäusen geschützt zu sein und nicht zu faulen. Eine andere Methode ist das Einsetzen des Krautkopfes in einen Kübel, der mit Erde gefüllt ist, wobei immer darauf zu achten ist, dass die Erde nicht zu sehr austrocknet. Einige ältere Bäuerinnen erzählen, dass sie die Rüben und Krautköpfe, aber speziell die Tuschn, einfach im

Der hohe Blütenstand der Wasserrübe wird mit einem Stock gestützt (Assling)

Garten oder Acker stehen ließen und diese mit einem Winterschutz aus Reisig und Laub oder Mist überwinterten.

Zum richtigen Zeitpunkt werden die Krautköpfe, Rüben und Tuschn im Frühjahr ausgesetzt. Dafür war und ist auch heute der Garten am geeignetsten, weil in der Nähe des Hauses Schutz und Pflege für die wertvollen und wichtigen Samenträger schnell und leicht möglich ist. Die Pflanzen werden gestützt, indem sie direkt am Zaun entlang gesetzt werden. Dies ist notwendig, damit die hohen Blüten- und Samenstände aufgebunden werden können und ein starker Wind oder ein Unwetter diese nicht umknicken kann. Heute schützt zusätzlich ein Netz vor den Vögeln. Die noch nicht ganz ausgereiften Schoten werden geerntet und in einem Leinentuch am Balkon oder Dachboden zum Nachreifen luftig aufgehängt. Zum Teil sind die Samen dann schon aus den Schoten gefallen und zum Teil müssen sie händisch geöffnet werden. Die gereinigten Samen werden dann in einem Tuch oder Gefäß gut gehütet aufbewahrt. Die Samenproduktion für die Wasserrüben und Tuschn wurde manchmal in den Acker verlegt, wenn für die großen Mengen an benötigtem Saatgut nicht genug Platz im Garten vorhanden war (es wurden oft mehrere große Äcker Wasserrüben angebaut).

War früher diese Art der Samenherstellung auf jedem Hof zu finden, so wird heute Samen für Weißkraut und Tuschn nur mehr von je einer Bäuerin und Wasserrübensamen nur mehr von 12 Bäuerinnen produziert. Eine weitere in den Gärten traditionelle zweijährige Art ist der Kopfsalat. Dass diese Art in den Gärten auch vermehrt wurde, erwähnte keine Bäuerin.

Eine neue Sorte der Wasserrübe (links) aus dem Handel und eine alte Sorte der Wasserrübe (rechts) aus der Region (Gaimberg)

Durch die Weitergabe von Saat- und Pflanzgut über Generationen auf den Höfen oder in der Region von Erhalterin zu Erhalterin wurden und werden heute noch vereinzelt Landsorten angebaut und vor allem auch genutzt (siehe Tabelle 2 im Anhang). Landsorten von Feldfrüchten werden zum Teil am Acker (bei 15 Betrieben), aber auch im Garten (bei 18 Betrieben) oder sowohl im Garten als auch am Acker (bei 8 Betrieben) kultiviert. Am weitesten verbreitet sind alte Sorten von Pferdebohne (bei 13 Betrieben), Kartoffel (bei 13 Betrieben) und Wasserrübe (bei 12 Betrieben). Landsorten von Roggen konnten nur mehr bei 3 Bauern gefunden werden.

Heute werden von 181 Bäuerinnen für den eigenen Bedarf zwischen einer und 31 Arten aktiv im Garten vermehrt. Dabei handelt es sich sowohl um Pflanzenarten und -sorten, die schon über einen langen Zeitraum in der Region angebaut und auch vermehrt werden (wie die oben erwähnten Landsorten), als auch um Pflanzenarten und -sorten, die für die Region neu sind und von den Bäuerinnen erst seit kurzer Zeit selbst vermehrt werden (siehe Tabelle 3 im Anhang). Insgesamt sind es 106 kultivierte Pflanzenarten, die von den Bäuerinnen nachgebaut werden. Dabei lassen die Bäuerinnen ausdauernde Arten wie etwa den Schnittlauch von Zeit zu Zeit blühen und Samen tragen oder sie teilen die Stöcke. Bei anderen Arten werden Stecklinge *(Pelza)* geschnitten (Eberraute, Rosmarin) oder Ausläufer versetzt (Erdbeere, Edelminze). Bei den Kartoffeln und bei den Schalotten werden diejenigen Saatkartoffeln und Brutzwiebeln ausgesucht, die die richtige Größe und die gewünschten typischen Merkmale aufwei-

Der Bauer kontrolliert, ob bei den wertvollen Samenträgern alles in Ordnung ist

Erst wenn sich die Farbe der Fruchtstände gelb verfärbt, ist es Zeit für die Ernte

Die Schoten dürfen bei der Ernte noch nicht ganz reif sein, da die Samen sonst ausfallen

In Leintüchern werden die Fruchtstände nach Hause getragen und zum Nachreifen aufgehängt

Das Saatgut wird mit Sand vermischt, um eine gleichmäßige, dünne Aussaat zu erreichen

Beim Säen mit der Hand ist besonderes Können notwendig

sen. Bei den einjährigen Arten, die nicht sich selbst überlassen werden, suchen die Bäuerinnen bewusst robuste Arten aus, die in der Farbe oder Form am ehesten ihren Geschmack treffen, um nur von diesen Samen zu ernten. Ringelblume und Bartnelke können sich dann allerdings den Platz, wo sie aufgehen, nicht selbst aussuchen, sondern werden von den Bäuerinnen dorthin gesät, wo sie wachsen sollen. Die Angaben über den Zeitraum des eigenen Nachbaus neuerer Arten bewegen sich dabei am häufigsten zwischen 10 und 20 Jahren.

Obwohl erstaunlich viele Bäuerinnen heute die Tradition der Saat- und Pflanzgutgewinnung zumindest für einzelne Arten fortsetzen, ist im Vergleich zu früher doch ein Unterschied zu erkennen. Durch die heutige Unabhängigkeit von dieser Produktionsform ist ein kontinuierliches Festhalten am Nachbau einzelner Arten und Sorten nicht notwendig. Heute wird zwar erfolgreich ein paar Jahre nachgebaut, wenn jedoch etwas schiefgeht, wird meist wieder auf den Markt zurückgegriffen und das gewünschte Saatgut zugekauft. So bauen immer weniger Bäuerinnen traditionelle Landsorten immer wieder nach. Der Austausch von Landsorten durch allgemein im Handel übliche Sorten ist bei traditionellen Arten zu beobachten. So wird zum Beispiel nach wie vor Weißkraut in 135 Gärten angebaut, aber das Saatgut stammt nicht mehr vom eigenen Nachbau.

Auch das Saatgut vieler bislang unbekannter Pflanzenarten und Sorten stammt überwiegend aus dem Handel. Ein höherer Arbeitsaufwand beim Nachbau gegenüber dem Zukauf von Samen oder Jungpflanzen ist genauso ausschlaggebend für den Verzicht auf eigenen Nachbau wie die fehlende Tradition für die Samengewinnung bei vielen neuen Arten. Auch schlechte Erfahrungen beim Nachbau von zugekauftem Saatgut aus dem Handel und ein höheres Risiko (unvorherschbarer Ausgang, da Qualitätseigenschaften der nachgebauten Sorte nicht bekannt sind) sind damit Gründe für den jährlichen Zukauf.

Die Kontinuität, von Generation zu Generation oder von Hof zu Hof in der Region Saatgut zu erhalten, unterliegt einem starken Wandel. So werden in der nächsten Generation vielleicht viele der aufgezählten Landsorten schon verschwunden sein, und in nur wenigen Fällen kann es eine für die Region neue Art schaffen, durch kontinuierliche, jahrzehntelange Vermehrung in der Region zu einem Kulturgut zu werden.

Im Gegensatz zum Kauf von Saat- und Pflanzgut ist aber für manche Bäuerin durch das bewusste Vermehren der Arten erst das Gärtnern ein richtiges Erlebnis und voller Genuss. Die Frauen, die selbst Saat- und Pflanzgut produzieren, sind sich sicher, dass sie die gewünschte Sorte mit den gewünschten Eigenschaften, die vielleicht so nicht oder nicht mehr im Handel erhältlich ist, anbauen. Gute Erfahrungen im Anbau bestimmter Sorten, weil sie beispielsweise große Widerstandskraft gegen Krankheiten oder Schädlinge, Frost, Trockenheit oder andere ertragsmindernde Faktoren aufweisen, sind oft genauso ausschlaggebend wie der Geschmack und Nährwert der Sorten. Solange noch Wert auf traditionelle Kost gelegt wird – meist wenn mehrere Generationen unter einem Dach leben und gemeinsam kochen –, werden auch vielfach alte Landsorten traditioneller Arten angebaut und selbst vermehrt.

Für einige Bäuerinnen ist die Erhaltung alter Sorten ein Interessengebiet und ein Anliegen an sich, unabhängig von dem persönlichen Nutzen, der aus dem Anbau der einen oder anderen Sorte unmittelbar gezogen wird. Auch

Alte Sorten von Kartoffeln

Mehrere lokale Bohnensorten (Phaseolus sp.) sowie eine lokale Pferdebohnensorte (Vicia faba, rechts oben)

die Freude ist eine andere und währt länger, wenn mit eigenen Samen angebaut wird. Das Begleiten vom Samenkorn über die Jungpflanze bis zum Absterben der erwachsenen Pflanze und Ernten des neuen Lebens in Form von Samen führt den Bäuerinnen den Lauf der Zeit, das Kommen und Gehen vor Augen. Weil der Kreislauf des Gartelns so geschlossen werden kann, ist gerade das Handwerk des selbst Zügelns für so manche Bäuerin eine Freude und ein Gewinn. Wenn diese Arten und Sorten aus der Region völlig verschwunden sind, kann dann die Verbindung zu unseren Wurzeln und unserer Herkunft nicht einfach übers Geschäft bezogen werden.

Schenken und Tauschen

Die Weitergabe von Saat- und Pflanzgut an die nächste Generation war früher überlebensnotwendig und damit auch die wichtigste Form, um kontinuierlich das Land kultivieren und bestellen zu können. Die gebräuchlichste Art, um als zusätzliche Quelle an neues oder auch abhanden gekommenes Pflanzmaterial für die Gärten zu kommen, war das Verschenken und Tauschen nicht nur innerhalb der Familie, sondern innerhalb des Dorfes. So wurden Ableger, Wurzeln, Jungpflanzen oder Samen auch gern verschenkt. Wenn eine neue Art in die Gegend gekommen war, woher auch immer, dann dauerte es nicht lange, bis jede eifrige Gärtnerin im Besitz dieser neuen Art war. Auf diese Art und Weise wurde ohne die Ausgabe von Bargeld und ohne weit herumgekommen zu sein Pflanzmaterial im ganzen Dorf verbreitet. Gerade diese Art der Nachbarschaftshilfe, der die Bäuerinnen nicht nur aus Gefälligkeit, sondern des Anstandes wegen verpflichtet waren, war verantwortlich dafür, dass eine gewisse Einheitlichkeit in den Gärten anzutreffen war.

Bei Engpässen in der Verfügbarkeit von Saatgut, etwa nach Ernteausfällen, wurde innerhalb der Region, Gemeinde oder innerhalb der Verwandtschaft Saatgut getauscht oder gekauft. Im Fall von Ertrags- und Qualitätseinbußen der Hofsorten durch Nachbau, insbesondere in klimatisch extremen Lagen wie in Innervillgraten oder Teilen von Matrei, wurde auf nachgebautes Saatgut von klimatisch begünstigten Regionen Osttirols zurückgegriffen. Aber auch ein Tausch vom Berg ins Tal war üblich.

> *„... mit Suum ot man sich ausgeholfen, osch du a wenn Roggesuume, ... mit Bean ot man ausgeholfen, fir Krautsuume odo a Schissile voll Bean do ot man höchstns a Breatl mieteginommen und Vergelt's Gott gsoot und guit gong, is nächste Johr vielleicht umegikehrt, se woaßt man et asou ginau."*

Auch heute wird in den Gärten der Osttiroler Bäuerinnen viel und gern verschenkt. Für das Verschenkte wird keine Gegenforderung gestellt oder erwartet etwa im Sinne von einem direkten Tausch. Allerdings ist es üblich, bei

> *„Man hot viel hergschenkt ... Man hot a guate Nochborschoft koot in jeder Weise, man hot sich gegenseitig a bissl auskolfn, a bissl ausgiredt, giredt a über Pflonzn, schaug amol, probier amol, koscht amol, mir meigns holt gearn, vielleicht schmeckt's dir ah."*

nächster Gelegenheit ein selbst gebackenes Brot, einen selbst hergestellten Käse oder eine andere Spezialität für das geschenkte Pflanzl vorbeizubringen. Soziale Verflechtungen mit Nachbarn und innerhalb der Familie sind für die Gartenwirtschaft bezeichnend. Auch wenn die konkrete Arbeit meist allein erledigt wird, so sind nicht nur die Gespräche über den Gartenzaun, sondern auch das Verschenken und Tauschen eine Form der Beziehung, die die Gärtnerinnen in Osttirol miteinander verbindet.

Die am häufigsten von den Bäuerinnen als verschenkt angegebenen Pflanzenarten haben gemeinsam, dass sie leicht zu handhaben sind und sich im Garten ohne viel Zutun der Bäuerin gut vermehren. Ausdauernde Arten, die gut gedeihen, oft sogar wuchern, und einjährige Arten, die überall im Garten aufgehen, sind geradezu ideal. Die Bäuerinnen verschenken heute gern Ausläufer von Erdbeeren, ganze Stöcke von Schnittlauch, Gilbweiderich und Liebstöckl oder Jungpflanzen von Kornblume und Schmuckkörbchen. Wenn aus zugekauften Samen eine große Menge an Jungpflanzen aufgeht, werden diese meist auch im ganzen Dorf verteilt.

Pflanzenarten aus der Region werden in die Gärten genommen

Bäuerinnen haben über Generationen beharrlich Pflanzenarten, die sich in den Gärten der Region bewährt haben, kultiviert und damit bis in die heutige Zeit aufbewahrt. Zu den Arten, die in den Gärten Tradition haben, gesellen sich Pflanzenarten der Region, die heute außerhalb der Gärten kaum mehr anzutreffen sind. Durch die Aufgabe des Getreideanbaus in den Bergregionen in den letzten Jahrzehnten sind manche der

Wenn eine große Menge an Jungpflanzen aufgeht, werden diese oft im ganzen Dorf verteilt

Feuerlilien wurden von einigen Bäuerinnen von der Umgebung in die Gärten geholt und so vor dem Untergang bewahrt

typischen Unkräuter wie Kornrade, Kornblume und Klatschmohn heute nur mehr im Garten zu finden. Oder die Feuerlilie *(Golge)*, die beispielsweise im Gemeindegebiet Kartitsch auf den Äckern in der Bracheperiode wuchs und heute nur mehr vereinzelt dort anzutreffen ist. Die Bäuerinnen haben diese Pflanze in den Garten geholt und wissen heute noch um die Geschichte dieser Art und somit auch um die Geschichte der Egartenwirtschaft. Einige Landsorten traditioneller Kulturarten, die früher feldbaumäßig kultiviert wurden, sind heute auch im Garten zu finden. Diese traditionellen Feldfrüchte wie Pferdebohne, Mohn, Erbsen und Stangenbohnen werden vielfach nur mehr im Garten angebaut.

Verschiedenste Bewirtschaftungsänderungen in den letzten Jahrzehnten sind die Ursache dafür, dass manche Art, die früher auf Egarten, Böschungen, Almwiesen und Feuchtwiesen zu finden war, heute nicht mehr anzutreffen ist. Auch diese mittlerweile seltenen Arten wurden von den Bäuerinnen aus der freien Natur in den Garten geholt und dort aufbewahrt. Die Kultivierung auch gefährdeter heimischer Pflanzenarten der Roten Liste in den Gärten ist für die Untersuchungsregion zu beobachten. Diese wild wachsenden, meist heimischen Arten wurden von den Bäuerinnen aber nicht skrupellos ausgegraben und entgegen den Gesetzen in den Garten genommen. Nein, sie wurden von den Bäuerinnen mancherorts vor dem Untergang bewahrt. Frühlingsenzian, Mehlprimel, Himmelschlüssel, Türkenbundlilie und Feuerlilie bekommen ein neues Zuhause und werden aus der freien wilden Natur, die ja eigentlich eine Kulturlandschaft ist, in den Garten gepflanzt. Andere Arten wie Johanniskraut, Kornblume, Klatschmohn und Kornrade werden aus gärtnerischer Kultur erworben. All diese Arten, die sich heute auch unter der Pflege der Bäuerinnen vermehren, müssen dann nicht mehr mühevoll in der Natur gesucht werden und können so im Garten gesammelt oder bestaunt werden. Den Bäuerinnen bleibt so zumindest die Gewissheit, dass sie sich im Garten um diese Arten kümmern können.

Neue Pflanzenarten

Der Kräutergarten früherer Zeit bot in Osttirol bei weitem nicht den Glanz und die Fülle an Arten, die heute dort anzutreffen sind. Die Bäuerinnen waren aber immer schon offen für Neues. Neu hinzugekommene Arten passten sich früher langsam in ihre Umgebung ein, und die Bäuerinnen gewöhnten sich langsam an den neuen Geschmack, das neue Aussehen und die neue Gestalt der bislang fremden Pflanze. Als Beispiel dieses langsamen Aufnehmens in die Kultur sei die Kartoffel genannt, die erst viele Jahrzehnte nach ihrer Einführung in Europa als Nutzpflanze Geltung erlangte. Das Zueinanderfinden und Aneinandergewöhnen hatte und brauchte seine Zeit.

Heute ist das Tempo, mit dem Pflanzenarten zu uns gelangen, nicht mehr dieses langsame und gemächliche Sichausbreiten in einem Dorf, von einem Garten zum anderen. Im Gegenteil. Aus allen nur erdenklichen Erdteilen können die verschiedensten Raritäten schnell und meist auch ohne größere Schwierigkeiten erstanden werden. Die Beschaffung von Pflanzmaterial ist heute ohne große Mühe, in kürzester Zeit, auch ohne soziale Kontakte geknüpft zu haben, möglich.

Wenn es eine gewünschte Pflanzenart in der Region nicht gibt, auch nicht in den gut sortierten Gärtnereien, dann kann sie bestellt, vielleicht in größeren Städten erstanden oder sogar im Internet gekauft werden. Diese Möglichkeiten sind für die Bäuerinnen auch eine Erleichterung. Viele Wünsche, die wohl erst durch die Kataloge und Gärtnereien geweckt werden, können in Erfüllung gehen.

Bezeichnend für die Vorgehensweise der Bäuerinnen ist aber nach wie vor, dass das neu Hinzugekommene an Pflanzenarten erst einmal auf die Probe gestellt wird und am Ende doch nur als Sieger diejenigen hervorgehen, die sich auch über mehrere Jahre bewährt haben. Diesem Umstand ist auch zu verdanken, dass in den Osttiroler Gärten nach wie vor Pflanzenarten beheimatet sind, die sich schon über einen langen Zeitraum in der Region befinden. Allerdings gilt für den Großteil der Arten, dass sie erst in den letzten Jahrzehnten in die Region gekommen sind. Saatgut und Jungpflanzen stammen heute zu 56 % aller in allen Gärten angebauten Pflanzenarten direkt aus dem Handel, 44 % wurden getauscht (wobei der Ursprung auch oft der Handel ist) oder stammen von der vorigen Bearbeiterin des Gartens.

Heute wird Saatgut bei einem der Einkäufe der Bäuerinnen für den Haushalt beim Greißler im Dorf oder bei anderen Geschäften in der Stadt besorgt. Am häufigsten sind dies Samen von Karotte, Radieschen oder Rettich, Kopfsalat, Petersilie und Steckzwiebel. Bei den Gemüsearten wird meist Saatgut ohne Rücksichtnahme auf Sorteneigenschaften gekauft. Nur in wenigen Fällen, wie bei Weißkraut, Karfiol und Buschbohnen, verweisen Bäuerinnen auf die besondere Eignung bestimmter Sorten, die sie dann beim Einkauf des Saatgutes bevorzugen. Zu einer besonderen Beliebtheit haben sich in jüngster Zeit die Sommerblumenmischungen

Die Bäuerinnen öffneten in den letzten Jahrzehnten ihre Gartentüren für viele neue Pflanzenarten (Gaimberg)

entwickelt. Diese Mischungen sind zum Großteil dafür verantwortlich, dass die Artenzahl der zierenden Nutzpflanzen (Blumen) in den Gärten stark zugenommen hat.

Am häufigsten von den Gärtnereien gekauft werden Jungpflanzen von Kopfsalat, Weißkraut, Kohlrabi, Porree, Knollensellerie, Petersilie, Karfiol und Schnittlauch. Vom Lagerhaus beziehen die meisten Bäuerinnen Pflanzmaterial für Kartoffeln, die auch im Garten angebaut werden. Saatgut wird meist nur vereinzelt von Gärtnereien bezogen.

Jungpflanzen kaufen Bäuerinnen besonders gern im Frühjahr. So früh wie möglich werden dann die ersten Salatpflanzen für das Frühbeet erstanden, um auch zeitig den ersten Salat ernten zu können. Diese lassen sich von den Bäuerinnen aus klimatischen Gründen so früh im Frühjahr gar nicht selbst heranziehen. Weitere Argumente für den Kauf von Jungpflanzen sind die Zeitersparnis und die bequeme Handhabung. Für Arten, die den Bäuerinnen neu sind, werden auch gern Jungpflanzen gekauft, weil man sich das Ziehen dieser Arten aus Samen noch nicht zutraut. Für sehr wärmeliebende und empfindliche Arten wird der Kauf von Jungpflanzen der Aussaat bevorzugt, um die kurze Vegetationsperiode in Osttirol optimal auszunutzen. Wenn dann mit der Ernte begonnen werden kann, ist der Sommer auch schon vorüber. Bei vielen Bäuerinnen ist der Platz im Garten beschränkt, und so lassen sich auch aus diesem Grund nicht alle gewünschten Pflanzenarten selbst vorziehen.

Zwiebelpflanzen wie beispielsweise Dahlien und Gladiolen werden in Geschäften oder Gärtnereien gekauft

In Ergänzung zu den in einer ersten Etappe gekauften Jungpflanzen, wie beim Kopfsalat, wird, sobald es die Witterung erlaubt, selbst Pflanzgut gezogen. Diese eigenen Jungpflanzen sind dann jederzeit schnell bei der Hand und entstandene Lücken lassen sich, ohne Besuch einer Gärtnerei, füllen. Im Sommer wird in den Gärtnereien nur mehr wenig eingekauft, da nach Meinung der Bäuerinnen die Auswahl und die Qualität des Materials nicht mehr ihren Vorstellungen entsprächen, der Fahrtaufwand für die wenigen benötigten Pflanzen zu hoch und die verfügbare Zeit dafür nicht ausreichend sei.

Bäuerinnen, die den Großteil der benötigten Pflanzen selbst heranziehen, betonen, dass sich der Arbeitsaufwand deshalb lohne, weil Geld gespart werden könne. Aus einer Packung Samen, die nicht viel kostet, könne viel Pflanzmaterial gewonnen werden, während im Vergleich dazu gekaufte Pflanzen sehr teuer seien. Außerdem seien diese selbst herangezogenen Pflanzen viel kräftiger und widerstandsfähiger. Es ist auch schon vorgekommen, dass durch den Kauf von Jungpflanzen dann nicht frühes Kraut, sondern späte Kohlrabi im Garten gewachsen sind. In 42 Hausgärten werden auch Jungpflanzen vorgezogen, die nicht für den Garten bestimmt sind. Diese Jungpflanzen werden auf den Acker (Weißkraut, Rotkraut), den Friedhof (Lobelien, Tagetes, Stiefmütterchen) oder in den Obstgarten (Apfel) gesetzt. Drei Bäuerinnen ziehen in ihrem Garten sämtliches Jungpflanzenmaterial für den Acker vor.

Der Anteil an Bäuerinnen, die über Versandhäuser oder Gartenkataloge Pflanzenarten bestellen, ist gering. Am häufigsten per Katalog werden Zwiebelpflanzen wie Lilien, Narzissen und Tulpen bestellt. Manche Bäuerin schildert, dass zwar exotische und auf den Abbildungen schön blühende Arten zum Einkauf verlocken, aber durch schlechte Erfahrungen, die mit bestelltem Pflanzmaterial gemacht wurden, dort nicht eingekauft wird.

Bestellt wird auch bei spezialisierten Versandhäusern (Hildegardmedizin, Kräuterkatalog), beim Verein Arche Noah oder bei landwirtschaftlichen Betrieben, die Saatgut und Pflanzmaterial anbieten. Die Außenstelle Wies des landwirtschaftlichen Versuchszentrums Steiermark ist Bäuerinnen, die sich schwerpunktmäßig mit dem Anbau von Kräutern beschäftigen, durch Kurse über Kräuteranbau bekannt. Von den Besucherinnen dieser Kurse werden in Sammelbestellung Jungpflanzen aus Wies bezogen.

Heimat der Pflanzenarten

Dass gerade im Garten Arten zu finden sind, die nicht in der Gegend vorkommen und der Pflege und Kultivierung durch den Menschen bedürfen, ist eines der Merkmale für dieses Agrarökosystem. Aus Sicht der Bäuerinnen wäre es wenig sinnvoll, sich eine Arbeit mit Pflanzen zu machen, die in genügender Menge in näherer Umgebung wachsen und gesammelt werden können. Allen Gärten ist so gemeinsam, dass nur solche Pflanzenarten in Kultur sind, die hinter den Zäunen einen geschützten Platz brauchen, weil sie in der rauen Natur der Region nicht oder nicht mehr überlebensfähig sind.

So ist es nicht verwunderlich, dass der geschützte Bereich des Gartens nur für Arten offen ist, die auf der einen Seite selten in der Region vorkommen, aber vor allem für Arten, die von anderen Regionen, anderen Ländern, meist sogar aus anderen Erdteilen stammen. Ohne die fremden Pflanzenarten in den Gärten müssten wir auf vieles verzichten. Nicht nur heute beliebte Gemüsearten, Gewürze und Heilkräuter, sondern auch die attraktive Farbenpracht der Blumen, die über

Das Nebeneinander von nicht heimischen (Prachtscharte, vorne) und heimischen (Wiesenmargerite rechts, hinten) Pflanzenarten ist im Garten oft zu bewundern

die Gärten hinausstrahlt, ist vielfach den „neuen Bürgern der Pflanzenwelt" zu verdanken. Wenn sich eine Art in den Gärten der Bäuerinnen bewährt hat und sie es geschafft hat, über mehrere Jahre dort Fuß zu fassen, wird eine ursprünglich nicht heimische Art zumindest für die Bäuerinnen einheimisch. Pflanzen, die die Bäuerinnen nicht mögen, haben aber keine Chance. Die Offenheit gegenüber fremden und seltenen Geschöpfen ist vorhanden und Neugier und Toleranz haben im Garten schon oft genug gesiegt.

Von den 587 kultivierten Pflanzenarten sind in Mitteleuropa 199 nicht heimisch, 50 eingebürgert und 126 nur in Kultur bekannt. Die Stammsippen der 126 nur in Kultur bekannten Arten sind zum Großteil nicht heimischen Ursprungs. 198 Arten sind in Mitteleuropa heimisch (was aber nicht heißt, dass sie auch in der Region heimisch sind!). Von 4 Arten ist die Heimat unbekannt und bei 10 Arten konnte anhand der verwendeten Quellen keine Einteilung getroffen werden. Die Bezeichnungen heimisch, nicht heimisch, eingebürgert, nur in Kultur bekannt, Heimat unbekannt wurden nach Zander (1994) und nach Fischer (1994) zugeordnet.

Das Schöne in unseren Gärten ist die Mischung nationaler und fremder Kulturelemente, wo Einheimische auf Zugereiste treffen und auch Dahergelaufene manchmal einen Platz finden. Eine zusätzliche Attraktion der Gärten ist, dass in ihnen manche Art Herberge gefunden hat, die in den Roten Listen der Pflanzenarten als schutzbedürftig angeführt ist. Die Bäuerinnen sind durch die Tatsache, dass sie geschützte und gefährdete Arten der Roten Liste sowie wertvolle alte Landsorten kultivieren, zu wichtigen Partnerinnen in der Erhaltung gefährdeter Pflanzenarten und -sorten geworden.

Die attraktive Farbenpracht in den Gärten ist vielfach den „neuen Bürgern der Pflanzenwelt“ zu verdanken, wie beispielsweise den Dahlien, die aus Mexiko stammen

Pflanzenarten der Roten Liste

Von den 587 kultivierten Nutzpflanzenarten stehen 79 Arten mit unterschiedlichen Gefährdungsgraden auf der Roten Liste der gefährdeten Farn- und Blütenpflanzen Österreichs (nach Niklfeld & Schratt-Ehrendorfer 1999) und 65 Arten sind nach der Bundesartenschutzverordnung Deutschlands (nach Zander 1994) eine geschützte europäische oder außereuropäische Art. 29 Pflanzenarten sind in beiden Listen angeführt, sodass 115 der gefundenen Arten als gefährdet oder geschützt einzustufen sind.

Nach der Bundesartenschutzverordnung Deutschlands eine geschützte Art sind 13 nicht heimische Arten (Madonnenlilie, Dichternarzisse, Bauerngarten-Pfingstrose, Blauweiderich und andere) und zwei nur in Kultur bekannte Arten (Christrose und Zwerg-Schwertlilie). Von den in Mitteleuropa eingebürgerten, in den Hausgärten kultivierten Pflanzenarten stehen die Kornblume (Gefährdungsgrad 3) und der Milchstern (Gefährdungsgrad - r) auf der Roten Liste in Österreich, während die Hausgarten-Schwertlilie laut Bundesartenschutzverordnung Deutschlands geschützt ist. Von

Die Kornrade (Agrostemma githago) ist in Österreich vom Aussterben bedroht

Die Sumpfschwertlilie (Iris pseudacorus) ist in Österreich regional gefährdet

Unkrautarten und -familien der untersuchten Hausgärten, die in der Roten Liste der gefährdeten Pflanzen Österreichs stehen (NIKLFELD & SHRATT-EHRENDORFER 1999)*.

Familie	*Artname*	*Deutscher Name*	*Rote Liste*
Boraginaceae	Anchusa arvensis	Ochsenzunge	3
Caryophyllaceae	Vaccaria hispanica	Kuhkraut	1 r
Rubiaceae	Asperula arvensis	Meier, Acker-	0
Asteraceae	Arctium lappa	Klette, Große	- r
Chenopodiaceae	Chenopodium glaucum	Gänsefuß, Graugrüner	- r
Scrophulariaceae	Veronica agrestis	Ehrenpreis, Acker-	- r
Crassulaceae	Sedum album ssp. album	Mauerpfeffer, Weißer	- r
Chenopodiaceae	Chenopodium bonus-henricus	Guter Heinrich	- r
Scrophulariaceae	Veronica polita	Ehrenpreis, Glanz-	- r
Caryophyllaceae	Spergula arvensis var. arvensis	Spergel, Acker-	- r
Caryophyllaceae	Cerastium glomeratum	Hornkraut, Knäuel-	- r
Fumariaceae	Fumaria officinalis	Erdrauch	- r
Lamiaceae	Lamium amplexicaule	Taubnessel, Stängelumfassende	- r
Rubiaceae	Galium mollugo	Labkraut, Wiesen-	- r
Brassicaceae	Sisymbrium strictissimum	Rauke, Steif-	- r
Geraniaceae	Geranium pusillum	Storchschnabel, Kleiner, Flaum-	- r

* Rote Liste: 0 = ausgerottet, ausgestorben oder verschollen; 1 = vom Aussterben bedroht; 2 = stark gefährdet; 3 = gefährdet; 4 = potenziell gefährdet; r! = (als Zusatz zu 1, 2, 3 oder 4) regional stärker gefährdet; - r = zwar nicht in Österreich im Ganzen, wohl aber regional gefährdet

den heimischen Arten stehen 77 auf der Roten Liste in Österreich. Bei 3 (Papierblume, Flachblatt-Mannstreu, Kegel-Leimkraut) der 6 vom Aussterben bedrohten Arten, die in den Gärten kultiviert werden, handelt es sich um gebietsfremde Arten, die nur in Niederösterreich und dem Burgenland verbreitet sind. Ein Vorkommen der Mariennessel und der Kornrade ist für Tirol angegeben, und das Kuhkraut tritt in Tirol sekundär als sogenannter Neubürger (nephytisch) auf. Unter den geschützten heimischen Arten sind viele gärtnerisch vermehrte Pflanzenarten.

Aber nicht nur bei den kultivierten Pflanzenarten, sondern auch von den Unkräutern stehen 16 Arten auf der Roten Liste der gefährdeten Pflanzen Österreichs. Obwohl die Bäuerinnen Unkraut aus dem Garten entfernen, entsteht erst durch die Bewirtschaftung der Bäuerin jenes Biotop – der Garten –, wo sich Unkräuter überhaupt erst ansiedeln können. Gäbe es den Garten nicht, wären auch diese Unkräuter nicht vorhanden.

Niklfeld (1999) weist darauf hin, dass Erhaltungskulturen der von der Ausrottung bedrohten Arten, etwa in botanischen Gärten, sowie die Schaffung von Ersatzbiotopen (in diesem Fall der Garten) nur allerletzte Notmaßnahmen sein können, um gefährdete Arten zu retten. Zentrale Bedeutung hat hier der Artenschutz durch Biotopschutz. Außerdem wird darauf hingewiesen, dass Pflanzenmaterial gebietsfremder Herkunft zu genetischer Infiltration der bodenständigen Populationen durch Einkreuzung führen kann. Manche der Biotope dieser gefährdeten Arten sind in Osttirol nur mehr in Resten vorhanden, und Pflanzenmaterial gebietsfremder Herkunft, das in die Region gebracht wird, kann sich meist gar nicht mehr mit den bodenständigen Populationen vermischen, weil es diese Populationen gar nicht mehr gibt. So kann die Erhaltung gefährdeter Arten in Gärten als Notmaßnahme bezeichnet werden. Diese Notmaßnahme wird von den Bäuerinnen durchgeführt, ohne dass sie jemand darauf aufmerksam gemacht hat und ohne dass sie jemand dafür bezahlt!

Hinter dem Gartenzaun werden viele gefährdete Pflanzenarten von den Bäuerinnen „geschützt“ angebaut.

Nutzung der kultivierten Pflanzenarten durch die Bäuerinnen

Jene Pflanzenarten, die Bäuerinnen wählten, um im Garten Platz zu bekommen, haben für die Bäuerinnen in jedem Fall einen Nutzen. Bei den von den Bäuerinnen angesprochenen Nutzungen zeigen ein Drittel aller Pflanzenarten in den Gärten Zwei- bis Mehrfachnutzungen auf. Zwei Drittel der Pflanzenarten werden von den Bäuerinnen in nur einer Form genutzt. Diese einfache Nutzung ist für viele neu hinzugekommene Arten bezeichnend. Dass sich für so manche in Osttirol neue Pflanze auch noch ein weiterer Nutzen findet und durchsetzt, ist wegen der Offenheit der Bäuerinnen durchaus zu erwarten.

Ein Beispiel für die vielseitig nutzbaren Arten ist die Ringelblume. Sie wird nicht nur in der Volksheilkunde bei Mensch und Tier als Salbe verwendet, sie ist außerdem wegen der schönen Blütenköpfe und der Blütenblätter beliebt als Beigabe zur Teemischung sowie zum Färben von Suppen. Im Brauchtum wird sie als Hutschmuck oder im Frauenbuschn mitgetragen, im Garten ist sie eine Zierde und dient außerdem den Bienen als gute Futterquelle.

Eine wesentliche Eigenschaft der Pflanzen – Emotionen oder Erinnerungen bei den Bäuerinnen auszulösen – wird von den Bäuerinnen nicht ausdrücklich als Nutzung angesprochen. Bei der Gruppe der Zierpflanzen ist es offensichtlich, dass sie im Auge der Betrachterinnen Gefühle wecken. Aber auch mit Pflanzenarten, die keine Zierpflanzen sind, wie dem Salat, werden Gefühle – wie beispielsweise der Stolz über das frische knackige Grün aus eigener Produktion – geweckt. So wird der materielle Nutzen

Weißkraut und Stangenbohnen, früher typische Kulturen des Feldgemüsebaus, sind heute auch im Bauerngarten zu finden (Sillian)

in Form vom geernteten Produkt immer auch von einem emotionalen Nutzen für die Bäuerin und die Familie begleitet.

Die Verteilung für alle 587 gefundenen Pflanzenarten in Nutzungskategorien, unter Beachtung der Mehrfachnutzung, sieht folgendermaßen aus: Für verschiedene Formen des Schmucks und im Brauchtum werden 420 Pflanzenarten verwendet. 148 Arten finden als Lebens- oder Genussmittel Verwendung. Weiters dienen als Heilpflanzen für Menschen 79, Heilpflanzen für Tiere 13, als Tierfutter 37 und für sonstige Nutzungen 73 Pflanzenarten. In den Osttiroler Hausgärten werden pro Garten im Durchschnitt 21 Zierpflanzenarten, 18 Arten mit Verwendung als Lebensmittel und 3 Heilpflanzenarten angebaut. (Um die Nutzungen beschreiben zu können, habe ich die Antworten der Bäuerinnen in Kategorien eingeteilt. Die Mehrfachnutzung einer Art ist in den jeweiligen Kategorien berücksichtigt. Das heißt beispielsweise: Die Ringelblume mit all ihren verschiedenen Nutzungen wurde sowohl bei den Heilpflanzen für Tiere und für Menschen, auch als Zierpflanze und Brauchtumspflanze, als Lebensmittel (Getränke) und Färbepflanze und als Futterpflanze (Bienen) gezählt. Die den Nutzungen zugeordneten Zahlen zeigen nur das, was die Bäuerinnen bewusst aussprechen, nicht aber das, was sie unbewusst wahrnehmen.)

Getreideanbau ist im gesamten Bezirk in den letzten Jahrzehnten stark zurückgegangen und an höher gelegenen Höfen kaum mehr anzutreffen (Sillian)

Auch heute noch werden bei vielen bäuerlichen Betrieben kleine Äcker, die für die Selbstversorgung an Lebensmitteln und Tierfutter angebaut werden, bewirtschaftet (Matrei)

Die Verteilung der Arten auf Nutzungskategorien spiegelt nicht die mengenmäßige Bedeutung der Arten im Garten wider. Zu dieser Beurteilung ist unter anderem die Fläche, die den Pflanzen der einzelnen Nutzungskategorien im Garten zugewiesen wird, aussagekräftiger. Normalerweise werden in Osttirol etwa 3/4 der Fläche für Lebensmittel (die natürlich gleichzeitig immer auch Zierde und Heilmittel sind oder sein können) und etwa 1/4 der Fläche für die sonstigen Kategorien verwendet.

Lebensmittel

Die Heimgutflächen der landwirtschaftlichen Betriebe dienten in der Geschichte der Osttiroler Bergbauernhöfe vorwiegend dem Acker- und Feldgemüsebau und damit in erster Linie der

> *„Fria hot man frei van Felde gileibn, Woaze hot man koot zin Woazamehle, mit'n Rogge hot man woll olbn Broat gebocht, und Boan und Mogn und Erbsn sell hot man a gonzes Grantl voll koot, et la die Weihnachtn, woll olls, sem ot man van Felde gileibn ... an Schnittla hot man holt a gearn koot, se woas i olbn an Gorte ah."*

Diese Kleinbäuerin aus Matrei baut auf ihrem Acker neben vielen anderen Pflanzenarten auch Weißkraut (vorne), Lein (Mitte links), Hanf (Mitte rechts) und Mohn (hinten) an. Das sind alles traditionelle Arten, die früher am Acker kultiviert wurden

Produktion von Grundnahrungsmitteln für den Menschen und der Produktion von Tierfutter. Typische Kulturarten dieser Ackerflächen waren neben Hafer, Weizen, Roggen und Gerste auch Weißkraut, Wasserrüben, Pferdebohnen, Stangen- und Buschbohnen, Kartoffeln, Mohn, Erbsen, Lein, Hanf, Futterrübe, Steckrübe und Buchweizen. Nach dem kontinuierlichen Rückgang des Acker- und Feldgemüsebaus im Berggebiet über die vergangenen Jahrzehnte ist großflächiger Ackerbau in der heutigen Zeit dort kaum mehr anzutreffen. Wenn im Berggebiet noch Äcker bestellt werden (kleine Hausäcker bei 92 der untersuchten Betriebe), dann an kleinen, klimatisch begünstigten, ebenen bis gering geneigten Flächen. Auf diesen kleinen Ackerflächen werden auch heute noch Kartoffeln, in einigen Fällen Mais,

> *„Wos man heint olls unbaut, heint hot man koa Korn mehr, zeascht wuar da Bauer schean drinngschaut hom, wenn man hit do an Ocka aufn volla Grianzeig, easchtns hontse des gor et gikennt, des hon se jo gor et giwellt essn, dos dageit nix zin orbatn, des hettns decht gor et giwellt, und noa war da Ocka viel ze schode giwesn, do honse gemisst schaugn, dass man mit'n Korn auskimmt."*

aber auch anderes Gemüse wie Karotten, Zwiebeln und Rote Rüben (Rohnen) angebaut.

Der Rückgang der Ackerfläche ist begleitet von der Zunahme des Anbaus einiger dieser Arten im Garten. Gemüse hatte früher einen eigenen Bereich am Acker (Feld). Im Kobisgorte oder *Krautacker* waren Weißkraut oder Herbstrübe zu finden, im Sammelwerch oder der Peinte wurden Pferdebohnen, Erbsen und Mohn angebaut. Diese traditionellen Feldgemüsearten werden heute zum Teil im Garten kultiviert. Dabei handelt es sich aber nur in wenigen Ausnahmefällen um alte Landsorten.

Im Kräutergarten von früher wurde kein Gemüse angebaut. Lediglich Kopfsalat, der auch heute in 194 von den 196 untersuchten Hausgärten anzutreffen ist, war dort in Kultur. Der Saat war sehr beliebt, weil er im Frühjahr das Rübenkraut als saure Zuspeise zu den Knödeln in Form von frischem Grün ablöste. Das sich im Frühjahr auch dem Ende zuneigende Rübenkraut war meist nur mehr als Viehfutter zu gebrauchen, wobei das Rübenkrautwasser aber

> *„A Bettl voll woachn und a Bettl voll hortn Solant ot man gehob ... den ot man fria olbn gleime zsommegsetzt und außantumma die Blattlan ogizupft, weil man mit die Pflanzlan sporn ot gimisst, und ungirichtn ommon mit Eadäpfel, weil man et sou viel Solant koot ot, heint setzt man in weit ginui vanondo und noa ot man holt groaße scheane Köpfe."*

Traditionelle Gemüsearten, die früher am Feld kultiviert wurden, mit der Anzahl jener untersuchter Hausgärten, in denen sie heute angebaut werden, und der Anzahl der Hausgärten, wo noch Landsorten angebaut werden.

Artname	*Deutscher Name*	*Anzahl der Hausgärten*	*Anzahl an Landsorten*
Brassica oleracea ssp. oleracea convar. capitata var. capitata	Weißkraut	135	1
Phaseolus vulgaris ssp. vulgaris var. nanus	Buschbohne	66	2
Pisum sativum ssp. sativum	Erbse	59	2
Solanum tuberosum	Kartoffel	38	11
Brassica rapa ssp. rapa	Wasserrübe	16	12
Phaseolus vulgaris ssp. vulgaris var. vulgaris	Stangenbohne	16	2
Vicia faba	Ackerbohne	11	11
Brassica napus ssp. rapifera	Tuschn	9	1

Kopfsalat ist heute die am häufigsten kultivierte Nutzpflanze in den Osttiroler Gärten (Kals)

noch als Essig für den Salat Verwendung fand. Auch *g'stockte Milch* und geröstete Speckwürfel wurden früher anstelle von Essig und Öl zum Marinieren des grünen Salates verwendet. Die Vielfalt an Salatarten und auch -sorten wie Endivie, Zuckerhut, Chicorée, Pflücksalat und Kochsalat, die wir heute in den Hausgärten vorfinden, hat es früher nicht gegeben. Es war nur der Kopfsalat in einer harten und einer weichen Sorte bekannt.

> *„I glaab vor 20 Joar, des Gemiase isch iberall asou longsom kemm, Brokkoli earscht die letschtn Johr."*

Die Aufnahme vieler zuvor unbekannter Kulturarten, die als Lebensmittel genutzt werden können, in den Garten hat sich erst in den letzten 30 Jahren vollzogen. Entsprechend den Veränderungen in der Anbauweise haben sich auch die Essgewohnheiten der Osttiroler Bauernfamilien gewandelt. So ist die Bedeutung von frischem Gemüse und Obst stark gestiegen.

Der Speiseplan war laut Aussagen der älteren Bäuerinnen in früheren Zeiten nicht so abwechslungsreich und hat auch kein Gemüse, wie es heute zubereitet wird, beinhaltet. Zu Mittag gab es dreimal in der Woche Speckknödel, an den anderen Wochentagen etwa Polenta, *Schlipfkrapfen* oder *Kasspatzln.* Dazu wurde im Winter Sauerkraut oder Rübenkraut und im Sommer Salat gereicht. Diese Kost wurde aus selbst angebauten und selbst verarbeiteten Kulturpflanzen und einigen tierischen Produkten (z. B. Speck) hergestellt. Wenige Rohstoffe und schon gar nicht industriell verarbeitete Lebensmittel waren zugekauft. Einige Bäuerinnen erzählen, dass die ältere Generation an der gewohnten Ernährung immer festgehalten hat und sich nicht umstellen konnte. Der Bauer

> *„Heint da Ton ihre Kindo essn's woll olle is Gemiase und meine Buibn essn's ah heint, obo da Voto und die Gschwischtrat van Voto san do nit recht inverston giwesn … Gemiase hot a nemmt gikennt, si hons ah goor et gikocht, hegschtns Kraut und Solot zi die Kneidl."*

und die Familie hätten Gemüse, bis auf Weiß- und Rübenkraut, Salat, Kartoffeln und Bohnen, nicht gegessen.

Mit der Übernahme der Hauswirtschaft durch die jüngere Generation geht der Anbau von neuen Lebensmittel-Kulturarten im Garten einher. Ältere Bäuerinnen begründen diesen Wandel damit, dass die heutigen jungen Bäuerinnen ja die Möglichkeit des Besuches einer Hauswirtschaftsschule hatten, mobiler sind und mehr lernen können als früher möglich war. Außerdem bringe der gesteigerte Wohlstand schneller und leichter Neues ins Haus als früher, und die weniger schwere Körperarbeit heute führe zu leichterer, geänderter Kost.

„Va do Muito die Töchto san nochan Housholtungsschuile gongin, do lehrt man schon wiedo ondoscht, va fria her isch Gemiase essen eigentlich überhaupt net giwesn und die Leit san jo nindoscht hinkemm, a Gemiase kaafn war jo ibohaup net in Froge kemm, ... wenn die Leit on gimisst olls va untn aufatrogn. Fria on se ibohaupt nicht giwisst va viel Gemiase."

Diese Verminderung der Körperarbeit, bedingt durch die fortschreitende Mechanisierung, verändert unter anderem auch den Speiseplan. Der hohe Kalorienbedarf eines Holzfällers oder eines Heubringers wurde schon in der Früh um 4 oder 5 Uhr mit *ungimochte Boan* gedeckt. Das sind gekochte Pferdebohnen, die mit Mohn und Zucker bestreut und mit heißer Butter übergossen werden, wobei der Zucker zugekauft oder selbst aus Zuckerrüben hergestellt wurde. Das Schmelzen spielte früher immer eine große Rolle. Der Nährwert der Nahrung war laut Aussagen der Bäuerinnen ein hoher. Man nahm große Portionen zu sich, die aber nur zu den vorgesehenen Mahlzeiten. Die Ernährung war dem Rhythmus und der Schwere der Arbeit angepasst.

„Viel mehr fürn Hungo giholfn hotz, unto die Mohlzeitn ots nicht gebn, ... greaßere Portionen hot man ah gessn, und gschmelzt hot man guat, heint doleidn's die Leit nimma."

Traditionelle Gerichte wie etwa Knödel, Schlipfkrapfen und Gerstesuppe werden nach wie vor zubereitet, jedoch seltener. Die Rohprodukte stammen auch nur mehr in Einzelfällen (Schnittlauch und Topfen für Schlipfkrapfen, Speck und Schnittlauch für Knödel) aus eigener Herstellung. Insbesondere Getreide ist durch Getreideprodukte aus dem Handel ersetzt. Kaum mehr am Speisezettel zu finden sind zum Beispiel die vorher genannten *ungimochte Boan, Rübsuppe* (Suppe von entsäuertem Rübenkraut) oder *Rübkropfen* (mit Rübenkraut, das vorher entsäuert wurde, und Milchmus gefüllte Teigtaschen). Die im Vergleich zu früher größere Abwechslung am Speiseplan spiegelt sich auch in der höheren Anzahl an Pflanzenarten im Garten, die als Lebensmittel, vor allem als Gemüse und Salat, Verwendung finden, wider.

Die Versorgung der eigenen Familie mit Gemüse, Obst und Kräutern ist bei den Bäuerinnen ein zentrales Argument, den Garten zu bewirtschaften. Diese Wertschätzung der Eigenproduktion wird deutlich, wenn die meisten Bäuerinnen betonen, dass für sie die eigenen Produkte eine bessere Qualität aufweisen. Dabei stehen die Frische der Produkte und das Wissen um die Art, wie und wo angebaut wurde, im Vordergrund. Damit im Zusammenhang wird vielfach auf die Bedeutung gesunder Ernährung für ein gesundes Leben hingewiesen. Außerdem sind die eigenen Gartenprodukte schnell, das heißt unmittelbar vor der Verarbeitung innerhalb kurzer Zeit verfügbar, ohne weitere Beschaffungswege in Kauf nehmen zu müssen.

> *„Mehr dass man an frischen Solot hot, koa Vergleich is Frische zin Gekaaften und noa woaß man, wos gedüngt isch und net gspritzt."*
> *„Das man selbo des mog hernemm, wos man gearn ot."*

Bei der Auswahl der kultivierten Lebensmittel-Pflanzenarten berücksichtigt die Bäuerin die eigenen Vorlieben und immer auch die der gesamten Familienmitglieder. In größeren Mengen angebaut werden in erster Linie Arten, die sich roh oder durch einfache und gute Zubereitungsmöglichkeiten für die Küche eignen und auch durch ihren Geschmack und ihr Aussehen von der Familie akzeptiert und gern gegessen werden. Wenn diese Arten dann auch noch unkompliziert im Anbau sind, steht ihnen Jahr für Jahr genügend Platz im Garten zu.

Gleichzeitig probiert die Bäuerin aber immer wieder neue Lebensmittel-Pflanzenarten aus. Diese Arten werden zuerst nur mit einigen Exemplaren, oft sogar nur mit einem einzigen Individuum, in den Garten gesetzt. Ob diese neue Art im Garten gedeiht und wie sie zu pflegen ist, zeigt der Test. Auch ist zu klären, ob sie zu der weiteren Verarbeitung oder Verwendung in den Alltag integrierbar ist. Gelingt es einer Art, diese Prüfungen zu bestehen, wird sie erneut und vermehrt im nächsten Jahr angebaut. Zu diesen von einigen Bäuerinnen erst ausprobierten und seit kurzem angebauten Arten zählen Sprossenkohl, Gemüsekohl, Brokkoli, Paprika, Gurke, Aubergine, Rucola und Borretsch. Vielleicht gehören diese Arten einmal zu den in Osttirol weitverbreiteten, von den Bäuerinnen und ihren Familien gern gesehenen Kulturarten.

Mit Hinweisen auf die bessere Gesundheit beim Konsum eigener Gartenprodukte machen die Bäuerinnen deutlich, dass viele Lebensmittel gleichzeitig auch Heilmittel sind. Darüber hinaus finden sich in den Gärten auch viele Heilkräuter für Mensch und Tier.

Gemüse und Salat

53 kultivierte Pflanzenarten verwenden heute die Bäuerinnen als Gemüse und/oder Salat (Salat meint hier: mit Essig angemacht). Die beliebtesten Gemüsearten sind Kohlrabi, Karotte, Radieschen und Karfiol. Die beliebtesten Salatarten sind Kopfsalat und frühes Weißkraut, das als Salat zubereitet gegessen wird. Gerade die lebende Gemüse- und Salat-Vorratskammer direkt vor der Haustür empfinden heute die Bäuerinnen als sehr praktisch. Die Menüplanung ist vereinfacht, weil gekocht werden muss, was im Garten

> *„Des isch schon fein, wenn i kochn tui und i woas et wos, noa brauch i lei außngean und oachnschaugn und is Zeig in Gortn wochsn sechn, in Gschäft woas i nia wos."*

reift. Es ist somit kein Aufwand für abstrakte, langfristige Menüplanung notwendig. Bäuerinnen berichten mit Unwohlsein von der Schwierigkeit, bei Einkäufen im Geschäft oder Supermarkt einen mehrere Tage umfassenden Speiseplan zusammenstellen zu müssen. So kommt manch einer Bäuerin die Idee, was sie kochen soll, erst im Garten.

Die am häufigsten von den Bäuerinnen in den Hausgärten (n = 196) kultivierten Arten, die als Gemüse verarbeitet werden.

Artname	*Deutscher Name*	*Anzahl der Hausgärten*
Brassica oleracea var. gongylodes	Kohlrabi	131
Daucus carota ssp. sativus	Karotte, Gelbe Möhre	114
Raphanus sativus ssp. sativus	Radieschen	111
Brassica oleracea var. botrytis	Karfiol, Blumenkohl	105
Allium porrum var. porrum	Porree, Winterlauch, Breitlauch	86
Rheum rhabarbarum	Rhabarber	82
Pisum sativum ssp. sativum	Erbse	59
Brassica oleracea var. capitata alba	Kraut, Weiß-	55
Cucurbita pepo convar. giromontiina	Zucchini	54
Phaseolus vulgaris ssp. vulgaris	Bohne, Busch-, Fisole	42
Brassica oleracea var. italica	Brokkoli	42
Lycopersicon esculentum	Tomaten, Paradeiser	41

Die am häufigsten von den Bäuerinnen in den Hausgärten (n = 196) kultivierten Arten, die als Salat verarbeitet (sauer angerichtet) werden.

Artname	*Deutscher Name*	*Anzahl der Hausgärten*
Lactuca sativa var. capitata	Salat, Kopf-	194
Brassica oleracea var. capitata alba	Kraut, Weiß-	129
Beta vulgaris var. vulgaris	Rohnen, Rote Rübe	88
Phaseolus vulgaris ssp. vulgaris	Bohne, Busch-, Fisole	58
Brassica oleracea var. botrytis	Karfiol, Blumenkohl	52
Cichorium endivia var. latifolium	Endivie, Breitblättrige, Winterendivie	43
Lactuca sativa var. crispa	Salat, Pflück- und Schnitt-, Blattsalat	43

Salat, Gemüse und Gewürzkräuter sind die wichtigsten Produkte des Gartens (Kals)

Bei der Vorratshaltung für den Winter steht heute das Einfrieren von Gemüse an erster Stelle. Am meisten wird dies bei Karfiol, Kohlrabi, Brokkoli, Karotte, Buschbohne und Erbse praktiziert. An zweiter Stelle steht das Einlagern von Gemüse und/oder Salat im Keller. Dies umfasst Kartoffeln, Zwiebel, Porree, Karotte, Weißkraut, Blaukraut, Rote Rüben, Rettich und Endiviensalat. In Essig eingelegt (Zucchini, Rote Rüben, Gurken) oder getrocknet (Ackerbohne) wird nur sehr selten. Gartenkürbis verarbeiten einige Bäuerinnen mit Zucker zu Kompott. Wo Weißkraut und Wasserrüben im Garten angebaut werden, wird nach wie vor Sauerkraut und Rübenkraut durch Fermentierung hergestellt.

Früher wurde für die Vorsorge im Winter fast ausschließlich getrocknet (sämtliche Kornarten, Bohnen, Erbsen), eingelagert (Kartoffeln, Kraut) und fermentiert (Sauer- und Rübenkraut). Die Tiefkühltruhe hat, in vielen Höfen erst in den 60er-Jahren, mit dem elektrischen Strom Einzug gehalten. Eingelegt, eingerext oder eingekocht wurde früher nicht.

Obst

Im Kräutergarten von früher wurde kein Beerenobst angebaut. Die weitverbreiteten Erdbeeren und Ribiseln haben sich erst in den letzten 30 Jahren etabliert. Wenn es die Zeit erlaubte, wurden Preiselbeeren, Heidelbeeren und Himbeeren früher – wie auch heute – in der freien

Natur gesammelt. Schwarze Holunderbeeren, die am Hof (aber nicht unbedingt im Garten) an vielen Stellen zu finden waren, waren häufig in Verwendung. Zu Marmelade wurden diese Früchte aber nur in den seltensten Fällen und nur in geringen Mengen verarbeitet, da Zucker kaum und nur in geringen Mengen zur Verfügung stand. Stattdessen wurden die Beeren entweder frisch verarbeitet oder auf andere Weise konserviert. So wurden z. B. die schwarzen Beeren von Holunder so lange gekocht, bis sie eine dickliche Masse ergaben, danach in einen großen Topf geleert und die Oberfläche mit Butterschmalz konserviert. Die benötigte Menge wurde mit einem Schöpfer herausgenommen und erst zum Essen mit Zukker abgeschmeckt. Diese Art des Holderkochs ließ sich allerdings nicht den ganzen Winter über haltbar machen. Als Frühstück gab es früher nicht Butterbrot, Marmelade und Kaffee, sondern meist Milchmus, Polenta oder Brennsuppe mit Bohnen.

Als Obst finden heute 24 Pflanzenarten in den Hausgärten Verwendung. Am häufigsten und beliebtesten sind dies Beerenobstarten wie die Erdbeere (in 123 Gärten), die Rote (in 80 Gärten) und Schwarze Ribisel (in 47 Gärten) und die Himbeere (in 44 Gärten). Nicht so weitverbreitet sind Brombeeren und Jostabeere, die von mancher Bäuerin auch erst in kleinem Rahmen im Garten ausprobiert werden. Baumobst ist nur selten im Garten anzutreffen.

Am liebsten wird Obst im frischen Zustand, vor allem von den Kindern, die sich sehr gern Erdbeeren oder Himbeeren im Garten suchen, gegessen. Wenn die Ernte groß genug war, dann werden die Beeren mit Zucker zu Marmelade oder Gelee eingekocht und bei den Ribiseln auch Sirup hergestellt. Seltener wird Beerenobst eingefroren.

Erbsen werden von den Kindern besonders gerne im Garten gesucht und gleich frisch gegessen (Assling)

Gewürze

Die Gewürzkräuter waren neben den Heilkräutern der wichtigste Bestandteil im früheren *Kräutlachgartl*. So wurden circa 15 Arten in der Region für diesen Nutzen angebaut, wobei viele Gewürzkräuter gleichzeitig auch als Heilkräuter dienten. Einige Gewürzkräuter von einst, wie der Schnittlauch, das Liebstöckl, der Majoran und der Kren, sind heute nach wie vor in vielen Hausgärten zu finden. Die Gewürzkräuter verliehen den Speisen ihren typischen, unverkennbaren Geschmack und das gewohnte Aussehen, auf das die ganze Familie besonderen Wert legte. Gekaufte Kochhilfen wie Suppenpulver oder andere fertige Geschmacksrichtungen konnten nicht gekauft werden. Die früher weitverbreiteten Gewürze wie Schnittzwiebel, Schalotten, Knoblauch und Zigeunerklee werden heute eher selten angebaut. Die Edelminze oder Braune Minze als Gewürz für Schlipfkrapfen und die Pfefferminze als Gewürz für Blutwurst finden heute kaum mehr als Gewürz, sondern vielmehr als Heilpflanze Verwendung.

„... is Kräutagartl hot gemisst sein, selle war nicht wegzidenkn giwesn, ... man hot koan Maggi gehob, man hot et dei Kochhilfen, gel. Man hot an Schnittlach eichngetun, man hot a Schalottile eichngetun, as wia gonz zeascht in Langis hom mir Zwiefl gehob, des isch a sa Schnittzwiefl. ... an Gorte hot man noatwendig gebraucht, Schnittla ot man schrecklich gearn koot, fria ot man jo olbn Kneidl gikocht, et a wia heint, und sischt ot man ah ibroll draugituun, af die Nockn ...“

Heute werden 58 kultivierte Pflanzenarten von den Bäuerinnen als Gewürz in der Küche eingesetzt. Die beliebtesten Gewürzkräuter von heute sind Schnittlauch und Petersilie. Einige der als Gewürz angegebenen Pflanzenarten finden auch als Gemüse (13 Pflanzenarten)

Die am häufigsten von den Bäuerinnen in den Hausgärten (n = 196) kultivierten Gewürzarten (n = 58).

Artname	*Deutscher Name*	*Anzahl der Hausgärten*
Allium schoenoprasum	Schnittlauch, Hausgarten-	189
Petroselinum crispum	Petersilie	153
Allium cepa var. cepa	Zwiebel, Küchen-	98
Allium porrum var. porrum	Porree, Winterlauch, Breitlauch	89
Levisticum officinale	Liebstöckl, Maggikraut	84
Apium graveolens var. rapaceum	Sellerie, Knollen-, Wurzel-	79
Origanum majorana	Majoran	53
Thymus vulgaris	Thymian, Echter, Gartenthymian	43

Schnittlauch ist das am häufigsten angebaute Gewürzkraut in den Osttiroler Gärten. Auch im hohen Alter haben Bäuerinnen damit noch ihre größte Freude (Assling)

und/oder Salat (7 Pflanzenarten) Verwendung. Beim Sellerie (wenn es sich um Knollensellerie handelt) nutzen die meisten Bäuerinnen die Blätter als Gewürz (Suppengrün) und die Knolle (allerdings nur von wenigen Bäuerinnen) auch als Gemüse. Der Lauch oder Porree dient als Gewürz, Gemüse und Salat. Gerade in den letzten Jahren sind in einigen Bauerngärten eine Reihe neuer Gewürzkräuter aufgetaucht, so das Currykraut, der Drachenkopf und der Zitronenthymian.

Bei den Gewürzen steht das Einfrieren an erster Stelle der Konservierungsformen. Eingefroren werden Petersilie und Schnittlauch. Da Petersilie laut Aussagen der Bäuerinnen seinen Geschmack in der Truhe besser behält als Schnittlauch, wird dieser bevorzugt eingefroren. Vielfach werden verschiedene Arten zusammen (Karotte, Porree, Wurzelpetersilie, Maggikraut und Sellerie) schon als Suppenpackerl für die Fleischsuppe durch Einfrieren haltbar gemacht. Gewürzkräuter werden aber auch getrocknet. Am beliebtesten dafür sind Majoran, Thymian und Liebstöckl. Die so getrockneten Kräuter finden gern mit Meersalz gemischt in der Küche Verwendung.

Getränk

Einige der in den Kategorien Gewürz, Gemüse/Salat und Obst genannten Arten werden von den Bäuerinnen als Getränk (insgesamt 44 Arten) verarbeitet. Am weitesten verbreitet ist die Erzeugung von Saftsirup aus der Roten Johannisbeere. Von verschiedenen Minzenarten und der Zitronenmelisse werden die Blätter, von der Goldmelisse die Blütenblätter und vom Schwarzen Holunder die Blütendolden für Saftsirup angesetzt.

Die Herstellung von Sirup durch Dampfentsaften und das Ansetzen in Zitronensäure und Zucker begann erst circa ab den 60er-Jahren. Frisch gepresste Säfte beispielsweise aus Roter Rübe oder Karotte wurden früher gar nicht und werden heute nur vereinzelt zubereitet. Früher wurde die Trocknung von Kräutern für die Zubereitung von Tees praktiziert. Früher wie heute dienten dazu Arten, die als Heilpflanzen nach wie vor Bedeutung besitzen. Der Unterschied zum Einsatz als Heilpflanze liegt darin, dass diese als Tee für den täglichen Gebrauch zubereitet und nicht speziell für die Heilung einer Krankheit dosiert und verabreicht werden. Dies sind unter anderem die Kamille, die Ringelblume, Minze und Melisse.

Heilpflanzenarten, die für die Frauenbuschn Verwendung finden, werden aus dem Garten, der Alm, den Wiesen, Böschungen und anderen Lebensräumen zusammengetragen (Gaimberg)

Heilpflanzen für Mensch und Tier

Laut Aussagen der älteren Bäuerinnen wurde früher nur in Ausnahmefällen der Arzt aufgesucht und auch der Tierarzt nur in dringendsten Fällen geholt, da es an Geld fehlte sowie keine Krankenversicherung und kein Transportmittel zur Verfügung standen. Unter diesen Umständen war es notwendig, für die am häufigsten auftretenden Krankheiten verschiedenste Hausmittel einzusetzen. War man früher darauf angewiesen, die in der Volksmedizin verwendeten Kräuter selbst anzubauen oder zu sammeln, so ist diese Abhängigkeit heute nicht mehr gegeben.

Die in der freien Natur (Wiesen, Wegränder, Almen) gesammelten Kräuter, wie etwa Schafgarbe, Brennnessel, Spitzwegerich, Johanniskraut, Isländisch Moos, Himbeerlaub, Feldthymian und Arnika, waren gemeinsam mit den circa 19 Arten), die frühere Hausapotheke, die ohne Tabletten oder gekaufte Kräuter aus der Apotheke auskommen musste.

Die Pflanzen dieser Blumensträuße sind alle Heilpflanzen, die als Frauenbuschn in die Kirche getragen werden (Gaimberg)

Dass Kräuter in der Volksmedizin in Osttirol nach wie vor eine Rolle spielen, zeigt die Tatsache, dass heute noch immer Heilkräuter im freien Gelände gesammelt werden. Einige dieser gesammelten Pflanzenarten werden sogar im Garten angebaut (Johanniskraut, Feldthymian, Arnika). Wenn sie spontan aufgehen, dann werden sie toleriert und genutzt (Spitzwegerich, Brennnessel).

> *„Is Kräutachgartl fir a poor Medikamente … Dokta hom mir koan gebraucht.“*

Auch die Kräuter des früheren Kräutergartens wie die Echte Kamille, Salbei, Wermut, Eibisch, Braune Minze, Melisse (und zwar *Nepeta cataria var. citriodora*) und der Schwarze Holunder sind nach wie vor weitverbreitet. Die Art und Weise der Nutzung solcher Arten in der Volksmedizin hat sich kaum verändert. Was sich geändert hat, ist die Nutzungshäufigkeit, die im Vergleich zu früher abgenommen hat. Dies wird von Bäuerinnen unter anderem damit begründet, dass *„man heute wegen jedem auch noch so kleinen Leiden gleich zum Arzt springt“*. Heilkräuter, die heute nicht mehr in den Hausgärten anzutreffen sind und von den älteren Bäuerinnen aber erwähnt wurden, sind der Kalmus *(Acorus calamus)* und das Mutterblatt *(Balsamita major)*. Von der Ringelblume berichtete keine einzige ältere Bäuerin, dass sie früher zu Heilzwecken herangezogen wurde. Wahrscheinlich ist sie erst in der heutigen Zeit zu so hohem Ansehen und zu so vielfacher und weitverbreiteter Verwendung gekommen.

„Se woas i olbn an Gorte, fir an Schnittla und Solant und Zwiefl, und awenn sella Kräuta außant umma, Solva ... vin Holsweah, Tee gerichten, Eibisch isch ah zin an Tee, Meliesn sell hon se gsoot isch vin Bauchwea, sem hot man gor va Tablettn et viel girett, ot man holt an Tee girichtn, jo und Kamilln hot man ah vanort a wenn gsaant und ogiklaut, und heint ot man holt Tablettn."

Heute werden 79 kultivierte Pflanzenarten der Osttiroler Gärten in unterschiedlicher Art und Weise als Heilpflanze beim Menschen und 13 kultivierte Pflanzenarten bei den Tieren eingesetzt. Die Heilkräuter finden als Tee (Echte Kamille) oder Sirup (Thymian), Salbe oder Tinktur (Mutterkraut) sowie in Öl (Johanniskraut), Alkohol (Arnika) oder Essig (Ringelblume) angesetzt Verwendung. Frisch verwendet werden die Blätter von Salbei oder der Milchsaft von Schöllkraut. Tees oder Salben werden auch aus Artenmischungen hergestellt.

Bei der Ernte von Heilkräutern achten einige Bäuerinnen vor allem auf die Witterung, die Tageszeit, auf Mondphasen und das Sternzeichen. So sollte laut Aussagen dieser Bäuerinnen nur an trockenen, sonnigen Tagen, Vormittag

Eibisch ist ein traditionelles Heilkraut in Osttirol

oder besser zu Mittag und bei den dementsprechenden Zeichen (Blatt-, Blüte- oder Wurzeltage) geerntet werden.

Bei der Zubereitung als Tee werden die verwendeten Teile im Schatten getrocknet und dann trocken, dunkel und kühl gelagert. Für die Zubereitung von Salben gibt es verschiedene Rezepturen, wobei am weitesten verbreitet die Ringelblumensalbe ist. Es werden je nach Art und Rezept die Blüten oder Blätter, das ganze oberirdische Kraut oder die Wurzel der Heilpflanzen verwendet. Eingesetzt wird bei Tier und Mensch die gleiche Pflanzenart für die gleichen Symptome, allerdings wird bei der Verwendung bestimmter Pflanzenteile für die Tiermedizin nicht so sorgfältig ausgelesen wie bei den Rezepturen für die Humanmedizin.

Die Bedeutung der Heilkräuter des Gartens (ohne die gesammelten Arten!) in der Osttiroler Volksmedizin sei anhand der am häufigsten behandelten Beschwerden von Mensch und Tier und den dafür verwendeten Kräutern aufgezeigt. Genaue Rezepte, die Formen der Verabreichung und Dosierungen werden hier nicht angegeben, da dieses Buch weder ein medizinischer Heilpflanzenratgeber ist noch zum Nachmachen anregen soll. Bei Interesse an Volksheilkunde sind spezialisierte Quellen heranzuziehen! Hier sind nur Berichte der Bäuerinnen wiedergegeben.

Gegen Verdauungsstörungen, Durchfall, Bauchbeschwerden, Darmkatarrhe und Magenentzündungen kennt man in Osttirol die Echte Kamille, die Ringelblume, die Brennnessel, verschiedene Minzearten, das Johanniskraut, den Eibisch, den Wermut (dieser kommt häufiger bei Tieren zum Einsatz), die Wegmalve oder die Mauretanische Malve.

» *„Die Kräutalan hosche olle nit asou zi kaafn bikemm wia hetz, Majoran und Thimian und wia hot se denn nou gsog, Lustick und Wermat hot se gor olbn gehob, wenn die Kälber epas gehob hont, odo da Focke nit daschissn, a Sträußle Wermat außn unters Fuito gitun, sem hot mans gemisst hobn fria, oba hetz seits olls in Loodn ischt, tuts nemma missn sein.“* «

Verkühlungen, Husten und Halsweh werden mit Eibisch, Liebstöckl (= Maggikraut), Schwarzem Holunder, verschiedenen Minzearten, Salbei, verschiedenen Thymianarten oder der Königskerze behandelt. Wunden werden mit Ringelblume, Johanniskraut, Echter Kamille, Zigeunerkraut und Lein geheilt.

» *„Gamill hommo olba gehob, fir die Kälberscheiße, und die Lene hot gsogt, noa tuats oan in Heiratstamisch vertreibn, wenn man mit sich und do Welt unzifriedn isch, noa soll man Gamillntee trinken, sell hommo ah viel getrunkn, und giwoschn, wenn e do hosch weagetun, in Gamill gebodet, des tut ibroll guit, wo a hinkimmt.“* «

Entzündungen von Augen, Ohren und Mund werden mit Echter Kamille, Eibisch, Ringelblume oder Salbei, Knochenverletzungen, Schwellungen und Verstauchungen mit Beinwell behandelt.

Zur allgemeinen Stärkung nutzen einige Familien Heilkräuter aus der Gartenkultur in Form von Teemischungen (von verschiedenen

Die Echte Kamille ist in der Untersuchungsregion ein weitverbreitetes Heilkraut

Die Kornblume wird nicht als Heilkraut, sondern als „Schmuckkraut" den Teemischungen beigemengt.

Die intensiv duftende Eberraute wurde früher in Form eines Riechsträußchens mit in die Kirche genommen

Kräutern, aber auch einzelnen Kräutern) die den Winter über getrunken werden. Alle diese Tees dienen laut Aussage der Bäuerinnen zur Steigerung des Wohlbefindens durch Entschlackung und Blutreinigung (Liebstöckl, Brennnessel), werden vorbeugend gegen Krankheiten (verschiedene Arten von Minze, Brennnessel, Schafgarbe, Ringelblume) und beruhigend als Abendtee (Hopfen, Johanniskraut, Melisse, Monarde, Salbei, Baldrian) getrunken. Eine spezielle Teemischung wird den Bienen den ganzen Winter zur Stärkung verabreicht: Kamille, Schafgarbe, Wermut, Poleiminze, Salbei und Eibisch.

Schmuck und Brauchtum

Zierpflanzen, wie Bauerngartenpfingstrosen, Sommerastern, Dahlien, Rosen, Phlox, Narzissen und Flieder, zählten auch früher zum Bestand an typischen Pflanzenarten in den Osttiroler Bauerngärten. Die *Bische* wurden vor allem wegen der Freude an einem schönen Garten kultiviert. Auch heute ist diese Freude an der Blumenpracht ungebrochen. Frauen, die eine spezielle Gabe im Umgang mit Pflanzen, vor allem mit Blumen, haben, sind im ganzen Dorf, in einigen Fällen auch im weiteren Umkreis, dafür bekannt und genießen bewunderte Anerkennung.

Nach Aussage älterer Bäuerinnen und Ergebnissen meiner Forschungsarbeit hat gerade die Anzahl der in den Hausgärten angebauten Zierpflanzenarten über die vergangenen Jahrzehnte von circa 24 Arten auf 420 Arten stark zugenommen. Viele der Arten (387) finden ausschließlich Verwendung als Schmuck des Gartens. Die beliebtesten Pflanzen, die von den Bäuerinnen als Gartenschmuck bezeichnet werden, sind heute Tagetes, Herzlstaude, Tulpen, Pfingstrosen, Lilien und Narzissen. Neue Blumen dringen in die Gärten ein, und was vor ein paar Jahren noch unbekannt war, ist heute in Osttirol schon weit verbreitet. Die Schmuckkörbchen (*Cosmeen*) sind so erst vor kurzem zu einer beliebten und unkomplizierten Bauerngartenblume geworden.

Zierpflanzen sind aber nicht nur Schmuck für den Garten. Im Jahresablauf der Feste spielen sie eine wesentliche Rolle. Blumensträuße geben den Festen den notwendigen feierlichen Rahmen nicht nur in der Kirche oder Kapelle, sondern auch auf den Tischen der Hochzeitstafeln und Tauffeiern. Erinnerungen und Gefühle werden geweckt, wenn mit einem Blumenstrauß am Grab der Verstorbenen gedacht wird. Wer im Dorf bekannt ist, eine Hand für Blumen zu haben, der wird auch oft von der Messnerin um den Schmuck für die Kirche gebeten. Bei

> *„A Tonnignroase sel isch foscht überoll oane giwesn, und a poar ondre Bische ah, entweder in Gartlen oder außen ban Zaune zuichn, lei weil se schean gebliant hont."*

> *„Wenns a sou schean wochst und bliant, do geh i auf, do bin i asou, es isch oanfoch a Freide. Die bestimmten Gartlen schaugn die Leit un, weils a Zier isch fiars gonze Haus. Sobold a Meiglichkeit isch, bin i in Gartlen, wenn da Schnea weg isch, wenns amol a wenn geat, bin i in Gartlen."*

Kapellen werden gern mit den Zierpflanzen des Gartens geschmückt (Assling)

den Höfen, die eine Kapelle besitzen, sowie bei den Wegkreuzen und Marterlen fühlen sich die Bäuerinnen verpflichtet, diese mit den eigenen Zierpflanzen zu schmücken. Die Bäuerinnen weisen darauf hin, dass Blumenschmuck aus dem eigenen Garten oder von den eigenen Flächen die Verbundenheit mit dem eigenen Grund und Boden zeigt.

Schnittblumen kommen im Haus, in Gästezimmern, in Gasthäusern und in Geschäften, am Friedhof, für die Kirche oder Kapelle und als Kreuzschmuck zum Einsatz. Auch das Schmücken von Speisen, vor allem von Salaten, mit essbaren Blumen wie der Kapuzinerkresseblüte, der Borretschblüte oder Pfefferminzblüte ist anzutreffen.

Das Schmücken von Kirchen, Kapellen, Wegkreuzen, Gräbern sowie der Hüte der Musikanten und Schützen ist gelebtes Brauchtum, auch wenn die dafür verwendeten Arten nicht mehr die gleichen sind. Früher wurden nicht nur die Musikanten- und Schützenhüte geschmückt, sondern jeder Männerhut musste am Sonntag zum Kirchgang mit einem duftenden Nagele, Rosmarin und Heiligenkraut *(Ciprian oder Ciprat, Santolina chamaecyparissus)* geschmückt sein.

Die Frauen steckten Riechsträußchen *(Schmeckablattln)* hinter ein Ohr. Der Sonntag war etwas Besonderes. Das Herausputzen für Sonn- oder Feiertage, was Abstand vom harten Alltag brachte, beschränkte sich nicht auf den Blumenschmuck am Hut oder den Duft hinterm Ohr. Mit einem eigenen Sonntagsgewand und vielleicht auch Sonntagsschuhen wurde der Sonntag von den Werktagen unterschieden.

Früher waren intensiv duftende Pflanzenarten besonders beliebt und weitverbreitet.

Bäuerin mit einem Korb voll Kräutern und Blumen, der am Hohen Frauentag zur Weihe in die Kirche getragen wurde (Assling)

> *„Schmeckalen hom die Weibischn hinter die Ohren gituun, als guitn Gschmock, wenn man in Stoll gean muss, den schmeckt man in do Kirche, und wenn du ihn selber nett schmecksch, schmecken ihn die ondon, do mog man sich woschn wie man will."*

Die Eberraute und die hundertblättrige Rose waren im Garten zu finden, Rosmarin, Heiligenkraut *(Ciprian)*, Duftpelargonie und die Gebirgshängenelke am Balkon. Als *Parfum* wurde von den Bäuerinnen gern Eberraute verwendet, um den Stallgeruch zu übertönen oder lästige Fliegen zu vertreiben.

Heute werden 19 Arten als *Aromaspender* verwendet. In Form von duftenden Beigaben wie etwa Lavendel oder Minze zum Blumen-

Schmuckkörbchen sind zu einer beliebten Bäuerinnengartenblume geworden (Matrei)

strauß erfrischen sie mit ihrem Aroma Küche, Stube oder Zimmer. In getrocknetem Form werden sie als Duftsäckchen verarbeitet und unter die Wäsche gegeben, damit diese gut riecht.

Die Blätter zwischen den Fingern zerrieben, auch zwischendurch beim Gartenarbeiten, entfalten so manche Pflanzenarten köstliche Aromen. Gute Gerüche beflügeln die Seele und lassen Erinnerungen wach werden. Die Schmuck- und Duftpflanzen sind in besonderer Weise für so manchen Seelenzustand der Bäuerinnen verantwortlich, beispielsweise wenn sie beim Anblick oder beim Riechen an einer bestimmten Pflanzenart Erinnerungen an frühere Zeiten wachrufen.

> *„Wenn i i's Kräutagarchtle hon gihob, hon i oft olls mitgezaldercht, wos i hon gehob … die Heifinga Mame, die sell isch va Habringer aufa van sell hot se a Roase mitgebrocht, a bloßroate Roasnstaude, dei isch als wia an Unkraut, dei bliaht ibo und ibo und dei tut asou hellisch guat schmeckn, und dei hon i iberoll hin mitgezaldercht … sie isch va da Mam und schmeckt soul wilde guat, und sellweign hon i se mitgenomm und heint on i se ah nou."*

> *„Greif mi uhn ot se fria dozui gsoot, man ots in Haus koot, in Summo is ins Kräutlagartl kemm, kloane rauche weiße Blattlan sans giwehn, wilde woach, i ons nia gsechn blian, … souwiesou wearts gschmeckt hobn, weil die Lene hots gearn a wenn a sou gegriffn, gemurglt und noa hot se sichs gearn hintas Ohre gsteckt, noa hot se gsog, wenn da Wind vierstreicht, noa schmecke olbn des griane Blattl."*

Einige der Pflanzen, die einen intensiven Duft verströmen, haben in den Gärten der Bäuerinnen Geschichte gemacht, mehrere Generationen und auch schon mehrere Gärten miterlebt. Von diesen Pflanzenarten trennt sich die Bäuerin nicht, auch wenn die Gartenfläche oder der Garten gewechselt wird. Das zarte Berühren von Pflanzen durch die Bäuerinnen-

Die Bauerngartenpfingstrose ist in Osttirol weitverbreitet, allerdings ist ihr traditioneller Nutzen in Vergessenheit geraten

hand, um den Duft, der dann verströmt wird, einzuatmen, zeigt die Liebe und den Stolz der oft gerade an diesen langjährig gehüteten, selbst aufgezogenen, mit der Geschichte der Bäuerin verflochtenen Pflanzenarten hängt. Diese Pflanzenarten sind für die Bäuerinnen ihr ganz persönliches, eigenes Kulturgut, das meist nur sie zu schätzen wissen und das sie besonders gut hüten.

Der Garten ist auch Herberge für Blumen und Kräuter, die eine bedeutende Rolle im Brauchtum spielen. 43 Arten wurden von den Bäuerinnen im Zusammenhang mit Brauchtum genannt, wobei die Schmuckpflanzen meist nicht dazuzählen. Brauchtum steht auch heute noch in Verbindung mit immer wiederkehrenden speziellen Anlässen, Fest- und Feiertagen, die etwas Besonderes bedeuten. Dies wird dann in Form von besonderen Pflanzenarten, die Symbolcharakter besitzen, und auch mit besonderen Speisen hervorgehoben. Diese Pflanzen sind nicht mehr nur Zier, Schmuck, Heil- und Grundnahrungsmittel, sondern sind Nahrung für die Seele.

Ein besonderes Fest, das einen engen Zusammenhang mit den im Garten kultivierten Kräutern zeigt, ist der Hohe Frauentag (15. August). In Körben oder als Sträuße werden Heil- und Gewürzkräuter wie etwa Wermut, Bohnenkraut, Eibisch, Ringelblume und Salbei sowie Blumen wie Sumpfschafgarbe *(Schneaballilan)* und Phlox zur Weihe in die Kirche getragen. Diese Blumen und Kräuter des Gartens werden ergänzt mit auf den Wiesen und Feldern wachsenden Himbeerlaub und Johanniskraut oder von den Almen gesammelte Meisterwurz und Arnika. Teile der geweihten und getrockneten Sträuße werden bei schweren Gewittern ins Feuer geworfen. Zu Weihnachten beim sogenannten *Raachn* werden die geweihten Sträuße gemeinsam mit Weihrauch in einem Gefäß mit heißer Kohle verascht, während die Familie mit dem rauchenden Gefäß alle Räume des Hauses und den Stall betritt und dazu betet. Früher wurden den Kühen Teile dieser geweihten Sträuße sowie geweihtes Salz zu Weihnachten unters Kraftfutter gegeben. Bräuche und Gebet sollen für die am Haus und Hof lebenden Menschen und Tiere Gesundheit und Wohlergehen bringen, Unglück abwehren und durch Gott und alle Heili-

Alle Blumen, die diesen Hut eines Schützen schmücken, stammen aus dem Garten (Assling)

Die Bartnelke ist eine traditionelle und sehr beliebte Blume für den Hutschmuck der Musikanten und Schützen

Bei hohen kirchlichen Feiertagen wurden früher spezielle Pflanzenarten, die in der kirchlichen Tradition als Symbolpflanzen angesehen waren, verwendet. Die Madonnenlilie, Schwertlilien oder Rosen schmückten beispielsweise die Jungfrauenstatuen bei Prozessionen, oder kleine Mädchen trugen sie als Blumenstrauß während der Prozession. Den Trägerinnen der Statue der Jungfrau Maria wurde Rosmarin in die Haare eingezopft. Die Blütenblätter der Bauerngartenpfingstrose wurden bei Fronleichnamsprozessionen auf die Wege gestreut. Diese Arten drücken ihre Bedeutung zum Teil auch in den Namen aus, die an den Festen, zu denen sie Verwendung finden, anknüpfen. *Jousefslil* oder *Petersbliamlan (Achillea ptarmica), Ollerheiligenbische (Aster novae-angliae oder novae-belgii), Ontlassgietschn (Leucanthemum ircutianum), Oaschtogloggn (Narcissus pseudonarcissus), Tonnign-* oder *Antoniusroase (Paeonia officinalis)* werden diese Arten dann treffend bezeichnet. Sie waren früher besonders beliebt, ja genossen fast Verehrung.

gen Schutz bieten. In eingeschränkter Form sind diese Bräuche in Osttirol heute noch erhalten.

Der Palmbesen oder -buschn, ein Strauß aus Palmkätzchen verschiedener Weidenarten mit Buchs verziert, wird am Palmsonntag zur Weihe getragen. Früher wurde dieser dann meist am Acker, aber auch im Garten gemeinsam mit einem kleinen Kreuz aus Holz in die Erde gesteckt, um für eine gute Ernte zu bitten. Diese Form des Brauchtums ist nur mehr bei zwei Bäuerinnen zu finden.
Auch Teile des *Palmbuschns* werden bei herannahenden Gewittern ins Feuer geworfen.

> *„Die weißn Kirchenlilien, dei homb ah net giterft faalen, zi Fronleichnohm on se die kloan Gietschn gitrogn ba do Jungfrau, ba do schmerzhoften hot man Roasnstingilan gitroogn und die greaschte Freide ot man koot, wenn man troogn giterft hot … des isch raar giweisn, wenn man se selber in Gortn koot ot und die Muito se oame mietegeibn hot."*

Feiertage und Feste waren für die Bäuerinnen und Bauern eine willkommene Unterbrechung des harten Arbeitsalltages und wurden auch mit besonderen Speisen gefeiert. Die Kirchtagkropfn, der Blattlstock, die *ingsaantn Niggilan*, die *Zörra* waren besondere Feiertags-

Die Hundertblättrige Rose war früher wegen des herrlichen Dufts, den sie verbreitet, und wegen ihres robusten Wachstums eine sehr beliebte und weitverbreitete Gartenblume, die auch im Brauchtum verwendet wurde.

speisen. Brauchtum, das sich im Essen wiederfindet, war in die jahreszeitlichen Rhythmen eingebettet.

Die Erntezeit von Pferdebohne und Kartoffeln im Herbst wurde mit einem besonderen Gericht, den *Scholleboan*, gefeiert. Erbsen und Mohn gab es in erster Linie zur Winterszeit, wo sie beispielsweise zu Weihnachten als Erbsensuppe und *Blattlstock* gereicht wurden. Das Frühjahr leitete Ostern ein mit dem Kren als zentrale Pflanze. Heute ist die Wurzel vom Kren die am weitesten verbreitete kultivierte Pflanze, die im Brauchtum zum Einsatz kommt. Diese wird zu Ostern in Körbe gegeben und zusammen mit anderen Speisen zur Weihe in die Kirche getragen. Der geweihte Kren wird dann am Ostersonntag mit Bröseln und Rahm speziell zubereitet und zum Osterspeck und Schinken gegessen. Im Sommer feierte man Festtage auch mit besonderem Schmuck durch Blumen und Kräuter.

Gelebtes Brauchtum hat früher dazu geführt, dass all die genannten Pflanzen, ohne die die Feste und Feiern undenkbar gewesen wären, auch selbst angebaut werden mussten. Heute finden zwar manche Feste noch immer mit diesen speziellen Pflanzen statt, aber dafür müssen die Pflanzenarten nicht immer selbst kultiviert werden. Vieles kann auch gekauft werden. Der Mohn für *Stockplattln* kommt meist aus dem Geschäft, der Weizen für die *Kirchtagkropfn* sowieso. Wenn dann anstatt der im Garten gewachsenen Madonnenlilien nur mehr Plastiklilien die Madonna beim Umgang schmücken, dann sieht man, wie leicht Traditionelles ersetzbar wird. Erst verschwinden die Pflanzenarten in den Gärten und irgendwann auch das Brauchtum dazu.

Bäuerin beim Binden von Frauenbuschn (Gaimberg)

Zierpflanzen im und um den Garten sind Schmuck für Haus und Hof (Obertilliach)

Tierfutter

Bis in die 60er-Jahre wurde das gesamte benötigte Futter für die Haustiere am eigenen Hof produziert. Kulturen wie Hafer, Futterrübe *(Beta vulgaris var. rapacea)* und Steckrübe *(Tuschn, Brassica napus ssp. rapifera)* waren feldmäßig am Acker angebaut und dienten in erster Linie als Viehfutter. Sämtliche Rückstände aller Ernteprodukte der Äcker sowie deren Unkräuter dienten auch als Tierfutter. Im Garten hingegen wurden keine Arten kultiviert, die ausschließlich als Tierfutter eingesetzt wurden, allerdings kam sämtliches organisches Material, das nicht im Haus verwendet wurde, zuerst in den Futtertrog und von dort erst auf den Misthaufen.

Heute finden 37 in den Hausgärten kultivierte Pflanzenarten neben anderen Nutzungsformen auch als Tierfutter Verwendung. Ausschließlich als Tierfutter wird in 6 Hausgärten die Futterrübe kultiviert. Dabei werden die Blätter den Schweinen und Hennen sowie die Rübe den Kühen gefüttert. Die Steckrübe *(Tuschn)* dient gleichermaßen als Lebensmittel (die Rübe wird als Gemüse gekocht oder roh gegessen) wie als Tierfutter. 21 Arten dieser 37 Tierfutterarten verwenden die Bäuerinnen in erster Linie als Lebensmittel. Nur die Abfälle oder Reste der Ernteprodukte von schlechterer Qualität dieser Lebensmittel werden dann auch dem Vieh zum Fressen gegeben. Beispiele dafür sind aufgeschossener Kopfsalat oder dessen Randblätter, Weißkraut, bei denen sich kein Kopf bildet, oder Randblätter verschiedenster Kohlarten. Pflanzenarten, die als Vogelfutter (Sonnenblume) oder Bienenweide (Indianernessel, Borretsch, Herzgespann) Verwendung finden, werden bei den meisten Bäuerinnen auch als Zier-, Heil- oder Gewürzpflanzen eingesetzt.

Wenn die Salaternte allzu üppig ausfällt, dann landet sie meist als Tierfutter im Futtertrog der Schweine

Sonstige Nutzungen

Als Badezusatz und Haarspülung (17 Pflanzenarten) dienen beispielsweise Kamille und Salbei sowohl frisch als auch getrocknet. Zum Färben von Speisen dienen Ringelblume und Färberdistel. Zur Schädlingsbekämpfung (13 Pflanzenarten) im Garten werden Knoblauch und Kaiserkrone gegen Wühlmäuse, Tagetes und Lavendel gegen Ameisen oder Blattläuse, Brennnessel und Knoblauch gegen Schnecken, Tomate gegen Kohlweißlinge und Küchenzwiebel gegen die Möhrenfliege gepflanzt. Eberraute, Wermut, Lavendel und Rainfarn werden getrocknet und im Kasten zwischen die Wäsche gelegt, um die Kleidermotte fernzuhalten. Getrocknete Sträuße der genannten Arten sollen auch in den Bienenstöcken die Wachsmotte vertreiben. Gegen Pflanzenkrankheiten wie Mehltau werden Eberraute und Knoblauch eingepflanzt. Als Straßen- und Staubabschirmung (8 Pflanzenarten) dienen Sträucher wie die Forsythie oder die Schneebeere. Als Ab-

Brennnesseljauche, im Garten angesetzt, wird als Dünger und Pflanzenstärkungsmittel verwendet

deckung gegen Unkraut (8 Pflanzenarten) wird beispielsweise die Kapuzinerkresse und als lebender Zaun (11 Pflanzenarten) Hain- und Rotbuche gepflanzt. Als Weihwasserwedel finden Buchsbaum, als Kinderspielzeug Zierkürbis, als Schattenspender Apfelbaum und als Beigabe zu Briefen Edelweiß Verwendung.

Vier kultivierte Pflanzenarten dienen als Dünger oder Bodenverbesserer. Brennnessel, die im Garten wild wächst und geduldet wird, und Beinwell, der von der freien Natur in den Garten gepflanzt wird, werden als Dünger in Form von Jauchen verwendet. Beinwell wird auch als Beimengung zum Kompost eingesetzt. Tagetes und Küchenzwiebel pflanzt die Bäuerin auch als Bodenverbesserer an. Diese Form der Düngung und Bodenverbesserung war früher nicht üblich.

Nicht nur für die Bienen der Imker, sondern auch für viele andere Insekten sind die Gärten mit ihren vielen Blumen ein Schlaraffenland

Gefärdung kultivierter Nutzpflanzen des Gartens

Mit der Kultivierung von Nutzpflanzen in Gärten ist nicht die Absicht verbunden, Geld zu erwirtschaften, sondern eine Reihe von anderen Bedürfnissen zu befriedigen. Diese Tatsache ist auch verantwortlich dafür, dass eine breite Palette an kultivierten Nutzpflanzen in Gärten anzutreffen ist. Solange das so bleibt, besteht keine Gefahr, dass die Anzahl der kultivierten Nutzpflanzen abnimmt. Die Ergebnisse dieser Forschungsarbeit in Osttirol beweisen sogar das Gegenteil. Die Anzahl an Pflanzenarten hat über die vergangenen Jahrzehnte sogar zugenommen. Trotz dieser Entwicklung sind einzelne Nutzpflanzen in Gefahr, aus den Gärten zu verschwinden.

Für die Gärten ist bezeichnend, dass Pflanzenarten, die für eine Zeitspanne oder Epoche charakteristisch sind, als sogenannte Modeerscheinungen, auch wieder aus den Gärten verschwinden, nachdem die Mode abgeklungen ist.

Im Gegensatz zu Modeerscheinungen gibt es einen Grundbestand an Arten, der sich über viele Jahrhunderte in den Gärten oder in der Region gehalten hat. Dieser Grundbestand an kultivierten Nutzpflanzen ist für jeden Kultur- und Naturraum lokal typisch und kann auch als ‹ bezeichnet werden.

Wie bei den gefährdeten Farn- und Blütenpflanzen Österreichs gibt es somit auch bei den kultivierten Nutzpflanzen regionale Verbreitungsschwerpunkte. Eine Einstufung der Gefährdung ist nur lokal und regional sinnvoll. Um zu einer Gesamteinschätzung gefährdeter kultivierter Nutzpflanzen Mitteleuropas zu kommen, müssten Studien unterschiedlicher Regionen verglichen werden. Allerdings gibt es keine Rote Liste gefährdeter kultivierter Nutzpflanzen, weder von Österreich noch von anderen Ländern. Eine einzige Studie aus Deutschland schätzt die in den dortigen Bauerngärten kultivierten Arten nach ihrer Gefährdung ein. Diese von Lohmeyer (1981) durchgeführte Arbeit fand 1981 in Teilen von Mitteldeutschland statt. Demnach wären von den 587 kultivierten Pflanzenarten in Osttirol 39 Arten als nur mehr selten kultiviert, stark rückläufig kultiviert oder nicht mehr kultiviert einzustufen. In Osttirol werden diese Arten in unterschiedlich vielen Gärten angebaut (siehe Tabelle).

Für Osttirol wurden 51 Arten als traditionell eingestuft, die die älteren Bäuerinnen bereits aus dem Gartenbau der 30er-Jahre (so weit die Erinnerungen der Bäuerinnen zurückreichen) kennen. Davon erfreuen sich nach wie vor 14 traditionelle Arten großer Beliebtheit und werden in mehr als 30 % der Gärten angebaut. Weitere 39 als traditionell eingestufte Arten werden in der Untersuchungsregion nur mehr in geringerer Häufigkeit angebaut. Für diese Pflanzenarten besteht die Gefahr, in Zukunft nicht mehr angebaut zu werden und in Vergessenheit zu geraten, obwohl sie eine lange Kulturgeschichte in der Region aufweisen.

Pflanzenarten der untersuchten Hausgärten, die nach LOHMEYER (1981) als stark rückläufig (1), nur noch selten (2) oder nicht mehr kultiviert (3) bezeichnet werden, mit der Anzahl der Hausgärten, in denen sie in der vorliegenden Untersuchung gefunden wurden.

Artname	*Deutscher Name*	*Gefährdungsgrad für Deutschland*	*Anzahl der Hausgärten*
Achillea ptarmica	Schafgarbe, Sumpf-, Schneeballilan	1	67
Campanula glomerata	Glockenblume, Knäuel-	1	34
Crocosmia x crocosmiiflora	Montbretie	1	3
Lavandula angustifolia ssp. angustifolia	Lavendel, Echter	1	27
Salvia officinalis	Salbei, Hausgarten-, Edel-	1	66
Hepatica nobilis	Leberblümchen	1	2
Amaranthus caudatus	Amarant, Hausgarten-	2	9
Foeniculum vulgare	Fenchel	2	4
Artemisia abrotanum	Eberraute, Eberreis	2	26
Artemisia absinthium	Wermut, Echter, Absinth	2	17
Chrysanthemum coronarium	Goldblume	2	5
Coreopsis tinctoria	Schöngesicht	2	2
Dianthus gratianopolitanus	Nelke, Pfingst-	2	6
Origanum majorana	Majoran	2	53
Hyssopus officinalis ssp. officinalis	Ysop	2	13
Allium sativum var. sativum	Knoblauch	2	28
Lilium martagon	Lilie, Türkenbund-	2	12
Allium x proliferum	Zwiebel, Luft-, Etagen-	2	2
Nigella damascena	Jungfer im Grünen	2	6
Consolida regalis	Rittersporn, Einjähriger, Acker-	2	8
Ruta graveolens	Weinraute	2	6
Coriandrum sativum	Koriander	3	2
Angelica archangelica var. archangelica	Engelwurz, Echte	3	1
Inula helenium	Alant	3	1
Silybum marianum	Distel, Marien-	3	2
Centaurea cyanus	Kornblume	3	35
Symphoricarpos albus var. laevigatus	Schneebeere	3	5

Lychnis chalcedonica	Brennende Liebe	3	11
Silene armeria	Leimkraut, Nelken-, Gartenleimkraut	3	2
Ornithogalum umbellatum	Milchstern, Dolden-	3	1
Althaea officinalis	Eibisch, Samtpappel	3	31
Malva alcea	Malve, Rosen-, Sigmarskraut	3	2
Rumex patientia	Ampfer, Hausgarten-	3	1
Portulaca oleracea ssp. sativa	Portulak	3	1
Primula-Auricula-Hybriden	Aurikel, Hausgarten-	3	9
Reseda odorata	Resede, Hausgarten-	3	4
Rosa centifolia	Rose, Hundertblättrige, Zentifolie	3	10
Spiraea salicifolia	Spierstrauch, Weiden-	3	4
Rosa x alba	Rose, Weiße	3	2

In der Kultivierungshäufigkeit in Deutschland gefährdete Pflanzenarten nach LOHMEYER (1981), die in mehr als 25 der untersuchten Hausgärten (n = 196) vorkommen (1 = stark rückläufige Kultivierung, 2 = nur noch selten kultiviert, 3 = nicht mehr kultiviert).

Artname	*Gefährdungsgrad für Deutschland*	*Anzahl der Hausgärten absolut*	*Anteil der Hausgärten in %*
Achillea ptarmica	1	67	34,2 %
Salvia officinalis	1	66	33,4 %
Campanula glomerata	1	34	17,4 %
Lavandula angustifolia ssp. angustifolia	1	27	13,8 %
Origanum majorana	2	53	27,0 %
Allium sativum var. sativum	2	28	14,3 %
Artemisia abrotanum	2	26	13,3 %
Centaurea cyanus	3	35	17,9 %
Althaea officinalis	3	31	15,8 %

Noch viel gefährdeter sind nicht die traditionellen Arten, die auch aus anderen Regionen und dem Handel immer wieder zugekauft werden können, sondern lokale Sorten. Diese sind allgemein gefährdet, da sie in der Region nur erhalten bleiben können, wenn Jahr für Jahr am Hof oder im Garten Saatgut produziert wird. Da aber die Tradition des Produzierens von eigenem Saat- und Pflanzgut stark rückläufig ist, konnten sich nur wenige Landsorten erhalten.

Dem Rückgang des Anbaus traditioneller Kulturarten und Landsorten geht meist voran, dass die Arten von den Bäuerinnen nicht mehr genutzt werden. Bäuerinnen wissen in diesen Fällen auch nicht mehr, wozu diese Arten/Sorten genutzt werden können und welche speziellen Eigenschaften sie haben. Wie schon bei den Nutzungen der kultivierten Pflanzenarten ausgeführt wurde, ist in Osttirol das Wissen um Pflanzenarten, die im Brauchtum und als Heilpflanzen zum Einsatz kommen, rückläufig. So sind als Beispiel die Symbolpflanzen der kirchlichen Tradition in der Untersuchungsregion entweder nicht mehr anzutreffen, oder diese Pflanzenarten sind zwar noch in den Gärten zu finden, das Wissen darüber aber nur mehr bei den älteren Bäuerinnen vorhanden. Einige Bräuche, Heilanwendungen, bei denen Pflanzenarten aus dem Garten zum Einsatz kamen, und auch einzelne Pflanzenarten sind nur mehr aus den Erzählungen der älteren Bäuerinnen bekannt. Diese Arten sind dann nicht mehr mit unserem Wissen, mit unserem Handeln und der Geschichte der Bäuerinnen verknüpft und gehen so langsam verloren.

Der Nutzen der Madonnenlilie, die nicht mehr angebaut wird, ist nur mehr den älteren Bäuerinnen in Osttirol bekannt. Die lebenden Blumen werden durch Plastikblumen ersetzt

Die Edelminze, ein traditionelles Heil- und Würzkraut, ist in Osttirol nicht sehr weitverbreitet

Pflanzenarten, die laut Aussagen der älteren, befragten Bäuerinnen in Osttirol bereits um 1930 angebaut wurden, sowie der Anteil der Hausgärten, in denen sie heute noch angebaut werden (n = 196).

Artname	*Deutscher Name*	*Anteil der Hausgärten in %*	*Anmerkung*
Lactuca sativa var. capitata	Salat, Kopf-	99 %	
Allium schoenoprasum ssp. schoenoprasum	Schnittlauch, Garten-	96 %	
Brassica oleracea ssp. oleracea convar. capitata	Kraut, Weiß-	69 %	1
Phlox paniculata	Phlox, Stauden-	55 %	
Dianthus barbatus	Nelke, Bart-	51 %	
Callistephus chinensis	Aster, Garten- Sommeraster	43 %	
Levisticum officinale	Liebstöckl, Maggikraut	43 %	
Chamomilla recutita	Kamille, Echte	37 %	2
Dahlia-Hybriden	Dahlie, Garten-, Georgine	37 %	
Dicentra spectabilis	Herzlstaude	37 %	
Paeonia officinalis ssp. officinalis	Pfingstrose, Bauerngarten-	37 %	
Achillea ptarmica	Schafgarbe, Sumpf-	34 %	
Narcissus pseudonarcissus ssp. pseudonarcissus	Narzisse, Gelbe, Trompeten, Osterglocken	34 %	
Salvia officinalis	Salbei, Garten-, Edel-	34 %	
Syringa vulgaris	Flieder, Gewöhnlicher	24 %	
Armoracia rusticana	Kren	21 %	2
Aster novae-angliae	Aster, Rauhblatt-	20 %	
Mentha x piperita var. piperita	Minze, Echte, Pfeffer-	19 %	
Iris germanica var. germanica	Schwertlilie, Garten-	17 %	
Mentha x gentilis	Minze, Kärntner Nudel-, Edel-	17 %	
Althaea officinalis	Eibisch, Samtpappel	16 %	
Polemonium caeruleum var. caeruleum	Himmelsleiter, Jakobsleiter, Sperrkraut	15 %	
Tanacetum parthenium	Mutterkraut,Wucherblume, Zierkamille	15 %	
Allium sativum var. sativum	Knoblauch	14 %	2
Lilium bulbiferum ssp. bulbiferum	Lilie, Feuer-	14 %	

Artname	*Deutscher Name*	*Anteil der Hausgärten in %*	*Anmerkung*
Narcissus poeticus ssp. poeticus	Narzisse, Weiße, Dichternarzissen	14 %	
Tanacetum vulgare	Rainfarn	14 %	2
Artemisia abrotanum	Eberraute, Eberreis	13 %	
Aster novae-belgii	Aster, Glattblatt-	12 %	
Primula-Elatior-Hybriden	Himmelschlüssel	12 %	
Rudbeckia laciniata var. laciniata	Sonnenhut, Schlitzblättriger, Bauerngarten-Goldball	12 %	
Allium fistulosum	Zwiebel, Schnitt-	10 %	
Artemisia absinthium	Wermut, Echter, Absinth	9 %	2
Rosmarinus officinalis	Rosmarin	9 %	3
Bellis perennis	Gänseblümchen	8 %	
Brassica rapa ssp. rapa	Rübe, Stoppel-, Wasser-,	8 %	4
Convallaria majalis	Maiglöckchen	8 %	
Nepeta cataria var. citriodora	Katzenminze, Zitronenmelisse	7 %	
Satureja hortensis	Bohnenkraut	7 %	
Allium cepa var. ascalonicum	Schalotte	5 %	2
Primula-Auricula-Hybriden	Aurikel, Garten-	5 %	
Rosa centifolia	Rose, Hundertblättrige, Zentifolie	5 %	
Sambucus nigra	Holler, Schwarzer	5 %	2
Trigonella caerulea	Klee, Brot-, Schabziger-, Bisam-, Zigeuner-	5 %	2
Mentha suaveolens var. crispa	Minze, Krause	3 %	
Origanum majorana	Majoran	3 %	
Lilium candidum	Lilie, Weiße, Madonnen-	0,5 %	
Acorus calamus	Kalmus	0 %	
Balsamita major	Mutterblatt	0 %	
Pelargonium sp.	Duftpelargonie	0 %	3
Santolina chamaecyparissus	Ciprian, Heiligenkraut	0 %	3

Anmerkung

1 Zur Saatgutgewinnung und Jungpflanzenanzucht im Garten
2 Auch außerhalb des Gartens kultiviert
3 Als Topfpflanze nur im Sommer im Garten
4 Zur Saatgutgewinnung im Garten

Die Jakobsleiter ist in den Osttiroler Gärten selten geworden

Das Mutterkraut wird heute nur mehr als Zierpflanze im Garten kultiviert

Die spät blühenden Herbstastern werden gern für Blumensträuße verwendet

Die Pferdebohne, früher am Acker kultiviert, wird heute auch in den Gärten angebaut

Selbstversorgung

Die zentrale Funktion der Gärten in Osttirol diente nie, auch heute nicht, der Vermarktung von Gartenprodukten, sondern der Selbstversorgung und der Befriedigung verschiedenster Bedürfnisse der bäuerlichen Familien. Die Versorgung mit Lebensmitteln, die Freude an der Gartenarbeit sowie die Identifikation und Verbundenheit mit der traditionellen Wirtschaftsweise, die die Bäuerinnen mit dem Garten und den kultivierten Nutzpflanzen verbinden, wird als Motivation für die Bewirtschaftung des Gartens ausdrücklich genannt. Ökonomisch ausgerichtete Argumente, die direkt mit der Erwirtschaftung von Geld zusammenhängen, werden nur in den seltensten Fällen erwähnt.

„Man isch gonz a onderer Mensch giwesn, viel selbo gimocht, … easchtns ischs da Brauch giwesn und zweitns wenn mans koot ot, isch man völlig stolz giwesn, das mans hot und das man, wenns oans braucht, geibn konn, man isch oanfoch gonz a ondre Bäurin giweisn, mit Leib und Lebn holt. Man hot selber va sein eigenen gleb, net sou wia heint, heint brauchsche lei Geld."

Eine Vermarktung von Produkten aus dem Garten erfolgt nur von 15 der 196 befragten Bäuerinnen. Vermarktet wird über Bauernläden, über das eigene Gasthaus, die eigene bewirtschaftete Almhütte oder über Verkauf an die eigenen Hausgäste. Die wichtigsten Pflanzenarten sind dabei Schnittlauch und Petersilie sowie Salat und Zierpflanzen. Im Bauernladen verkauft werden meist weiterverarbeitete Produkte wie getrocknete Kräuter und Marmeladen.

Wird von den Bäuerinnen das Thema Geld angesprochen, so betonen sie, dass durch die Produkte des Gartens eine Entlastung des Haushaltsbudgets zu erreichen ist. Sie sprechen davon, sich Geld zu ersparen, welches woanders erst erwirtschaftet werden müsste. Im Kalkül der Bäuerinnen zählt, welche Produkte Geld kosten und nicht was Arbeit kostet. Von allen Bäuerinnen wird ausdrücklich darauf hingewiesen, dass die eigene Arbeit als Kostenfaktor *„nicht berücksichtigt werden kann und darf"*, weil sie Freude macht. Die eigenen Gartenprodukte schenkt die Natur mit der Hilfe eigener Arbeitskraft. Barmittel sind für diese Form der Lebensmittelversorgung und Heilanwendungen nur in geringem Umfang erforderlich. Die Kosten eigener Arbeitskraft und des Material-

„Verkaaft vom Gorten hom mir nichts, ob und zui a Köpfl Solat hergebn, Zwiefl hot man gitrucknt, zin selbo hernemm, Kobis Zettelkraut, wos man hetz in Packlan zi kaafn bikimmt, hot man a Böttichl voll koot, Ruibn groaße Bottiche. … vokaaft ot man van Vieche a wean und a wean Holz kockt. O mein Gott, die Weiban on ah nicht koot, man ot et a weil Geld koot, vodianin isch et giwehn, Vodianst hot koans gehoot, gilearnt ah nichts, man hot holt net viel koot, zi essen isch woll giwesen, wenns et gschauart ot."

Nicht nur für die Selbstversorgung, sondern auch für das eigene Gasthaus werden in diesem Garten Salat, Gewürze, Zierpflanzen und Gemüse produziert (Assling)

aufwandes fallen gegenüber den Leistungen des Gartens für die Bäuerinnen nicht ins Gewicht.

Zur Entlastung des Haushaltsbudgets führt nicht nur die Ernte, sondern auch der sparsame Umgang mit Betriebsmitteln im Garten. Kosten, die für die Bäuerinnen ins Gewicht fallen, sind zugekauftes Saatgut, Jungpflanzen und Verarbeitungshilfsstoffe für die Konservierung (Zucker, Gelierhilfe). Kosten für Wasser der Beregnung oder elektrischen Strom der Tiefkühltruhe werden nicht genannt. Darauf angesprochen, betonen die Bäuerinnen, dass der Anteil dieser Kosten an den gesamten Haushaltskosten gering sei. Andere Betriebszweige bräuchten beträchtlich mehr Wasser oder Strom. Kosten für Dünge- oder Pflanzenschutzmittel entstehen kaum, da diese in nur wenigen Fällen überhaupt zum Einsatz kommen, und die Arbeitsgeräte in den Gärten *„halten auch ewig"*.

Zu dieser Sparsamkeit kommt ein effizienter Einsatz von Materialien, der sichtbar wird, wenn Badminton-Bälle mit Federn, aufgeschnittene Limonadendosen, alte Sägen, Hüte, Regenschirme und Kleidung zu Vogelscheuchen zusammengestellt werden. Als Behälter für die Jungpflanzenanzucht oder für Blumenstöcke dienen gebrauchte Dosen, Marmeladenbecher und alte Plastikkübel. Als Wasserbehälter dienen alte Fässer und Schaffln, das Aufbinden von Pflanzen erfolgt mit Schnüren von der Heuballenpresse und die Pflanzstöcke werden von den Hecken der Umgebung geholt. Der Eigenbau von Frühbeeten mit alten Glasscheiben und Teilen von Glashäusern ist üblich und eine Bank besteht manchmal nur aus einem Brett oder einem Holzscheit. Diese ökonomische Effizienz der Wiederverwendung von Produkten ist nicht bei allen Bäuerinnen in gleichem Ausmaß vorhanden, aber meist findet sich in jedem Garten irgendetwas, das an anderer Stelle schon einmal in Gebrauch war.

Ein alter ausgedienter „Kessel zum Dämpfen" wird als Regentonne verwendet (St. Veit)

Für alle Bäuerinnen ist die unabhängige Versorgung mit eigenen Lebensmitteln über das ganze Jahr hinweg sehr wichtig. Es wird berechnet, ab wann und wie lange man im Frühjahr, Sommer und Herbst von der lebenden Vorratskammer ernten kann und wie lange man über den Winter mit dem Eingelagerten und Verarbeiteten kommt. Das Argument, jederzeit, Sommer wie Winter, *„etwas Gutes griffbereit und schnell bei der Hand zu haben"* und damit unabhängiger zu sein, wird von einigen Bäuerinnen angeführt. Dass gerade die Kinder Erdbeeren, Erbsen, Karotten und andere Köstlichkeiten aus dem Garten selbst ernten und gleich verzehren können, ist zusätzlich Grund genug für viele Bäuerinnen, diese Pflanzen anzubauen.

> *„In Gorte kon man's houlin, wenn man's braucht, mir hom koa Gschäft in do Nachnte und eppas braucht man oanfoch, man hots holt vor do Tiar und woas wias giwochsn isch, und es isch bessa wias Gikaafte."*

Bäuerinnen betonen als positiven ökonomischen Aspekt der Gartenarbeit auch, dass der Garten nicht nur zu mehr Unabhängigkeit vom Lebensmittelhandel, sondern auch vom Ehemann und seinem Haushaltsgeld und seiner Hilfe für Transporte beim Einkaufen führt.

Auf die Frage, wie viel sie sich oder dem Ehemann mit den Produkten, die sie ernten, Geld ersparen würden, weist der Großteil der Bäuerinnen darauf hin, dass sie keine Preise wissen, da sie ja Gemüse, Blumen und Kräuter, die sie im Garten anbauen, nie einkaufen. Weil sie die Produkte des Gartens auch nicht verkaufen, um direkt damit Geld einzunehmen, wissen sie nicht, wie viel sie erwirtschaften könnten, und außerdem wären sie noch nie auf die Idee gekommen, sich die Ersparnis auszurechnen.

> *„Dei Kräuter und Bische dei tat i frisch net dakaafn."*

In leere, gebrauchte Behälter werden gern Pflanzen gesetzt und damit das Budget für neue, gekaufte Blumentöpfe eingespart (Assling)

Von den Bäuerinnen wird deutlich gemacht, dass sie sich all diese Gartenprodukte nie in diesen Mengen leisten würden. Es geht aber nicht darum, ob sie sich die Produkte leisten könnten, sondern darum, dass sie aus Gründen der Bescheidenheit und Sparsamkeit viel von dem, was der Garten hergibt, nicht im Geschäft oder Supermarkt kaufen wollten.

> *„Wenn man des olls van Gorte net hot, nochan tut man viel mehr af do mannischn Briaftasche reiten, wenn e dos musch kaafn, wenns do angalschn in Summo und Herbischt aufawochst va lauto viel, obo es kimmt holt decht, wenn e olls zommerechnsch, af a morz Geld.“*

Zur näherungsweisen, exemplarischen Darstellung der ökonomischen Leistung eines Gartens wählte ich einen typischen Garten (Größe 60 m^2, Artenanzahl: 42, Haushaltsgröße: 6 Personen) aus. Aus dem gesamten Artenbestand wurden diejenigen Arten ausgewählt, von denen die Bäuerin eine Nutzung außerhalb des Gartens nennt (Arten, die als Schmuck des Gartens dienen, sind nicht berücksichtigt). Anhand der Angaben der Bäuerinnen zur Frequenz der Nutzung und der genutzten Individuen und Menge pro Nutzung habe ich die genutzten Mengen errechnet und diese mit ihrem Einkaufspreis zur Ernteperiode multipliziert. Für diesen Garten ergibt sich bei zurückhaltenden Annahmen für Erntemengen und Preise ein Marktwert der hergestellten Zierpflanzen, Gemüse und Kräuter von mindestens 1532 Euro. Dem gegenüber steht die Angabe der Besitzerin dieses Gartens. Sie meint, der Ertrag des Gartens wäre circa 364 Euro. Der hohe Marktwert der Gartenprodukte ist durch den hohen Anteil an Zierpflanzen und Gewürzen, die im Handel teuer sind, und nicht auf das eher billige Gemüse zurückzuführen. Diese Berechnung soll nicht dazu dienen, die Bäuerinnen darauf hinzuweisen, dass sie doch mehr rechnen sollen, sondern nur dazu, dass sie mit mehr Selbstbewusstsein auftreten könnten, was den wirtschaftlichen Nutzen der Gärten betrifft.

Bei Berücksichtigung der Erträge und Erzeugnisse aus eigenem Acker- und Obstbau, Wildsammlung (Beeren, Kräuter und Pilze), dem Garten sowie eigener Viehhaltung beträgt die Deckung der Lebensmittelversorgung für Fleisch, Milchprodukte, Obst, Gemüse, Kräuter und Salat über 365 Tage im Jahr bei vielen der untersuchten Betriebe nach eigener Einschätzung der Bäuerinnen über 75 %, bei einigen Betrieben über 90 %. Über das gesamte Jahr deshalb, da die Erzeugnisse durch Gefrieren, Einkochen, Fermentieren, Entsaften, Trocknen und andere Techniken haltbar gemacht werden und im Winter nur ab und zu frische Tomaten, Kopfsalat, Gurken, Orangen oder Trauben in dieser Produktpalette zuzukaufen sind.

> *„Vokaaft ot man übohaupt weanig, van Gorte gor nicht, man hots hergschenkt, koscht amol und probier amol, odo mogsche ah a poar.“*

Bei der Betrachtung der Eigenproduktion und der damit in Verbindung stehenden Ersparnis von Geld ist zu berücksichtigen, dass zusätzlich Produkte des Gartens verschenkt werden, was auch früher üblich war. Es wird also in der Regel mehr produziert, als selbst benötigt wird oder verarbeitet werden kann. Diese

Mehrproduktion ist in erster Linie bei Zucchini, Schnittlauch, Salat, Weißkraut und Blumen zu beobachten. Verschenkt oder getauscht wird in erster Linie in der Familie, aber auch mit Nachbarn, Bekannten und Gästen. Beim Verschenken wird keine Gegenleistung erwartet. Oft sind die Bäuerinnen sogar froh, dass die Erzeugnisse Abnehmerinnen gefunden haben, da die reichliche Produktion *„sonst ja wahrscheinlich doch nur auf dem Kompost gelandet wäre"*.

Die Möglichkeit des Tauschens und Schenkens ist eine Komponente der sozioökonomischen Bedeutung der Hausgärten. Tauschen und Schenken bedeuten bargeldlosen Bezug und Weitergabe von Gartenprodukten und gleichzeitig eine soziale Verflechtung mit Nachbarn und innerhalb der Familie. Durch die Arbeit der Bäuerinnen im Garten reicht die Selbstversorgung von der Produktion von Lebensmitteln, Heil- und Gewürzkräutern über Schönes und Geliebtes bis zum Geschenk und Gesprächsstoff. Die Gartenarbeit ist auch im Sinne der Kultivierung von Selbstbewusstsein durch die starke Identifikation mit dieser Tätigkeit und dem Vergnügen und Stolz, den die Bäuerinnen dabei empfinden, immer lohnend, auch wenn der Lohn nicht Bargeld heißt.

Gärten erlauben hoffentlich noch für viele künftige Generationen Entdeckungsreisen (Assling)

Zusammenfassung

Die Gärten der Bäuerinnen sind Teil der Osttiroler Kulturlandschaft und daher eng mit der bäuerlichen Kultur verknüpft. Sie sind eines der Ergebnisse des kreativen Umgangs der Frauen mit dem alltäglichen Leben. Erfahrungen der Vorfahren, eigene Erfahrungen und Neues werden im Garten kombiniert. Ein umweltschonender und achtsamer Umgang mit der Schöpfung ist den Bäuerinnen dabei ein Anliegen.

Gartln ist in Osttirol eine Leidenschaft, die mit einer starken Identifikation für diesen Arbeitsbereich einhergeht. Der Garten wird mit Selbstbewusstsein nach eigenem Geschmack bearbeitet und gestaltet. Die Bäuerinnen strahlen förmlich, wenn sie vom Garten erzählen. Die Freude und der Stolz am Bäuerinnendasein werden unter anderem durch die Gärten sichtbar gemacht. Diese Freude wird mit viel Einsatz, der auch Schweiß, Anstrengung und Belastungen bedeuten kann, erarbeitet. Die Gartenarbeit kann auch helfen, so manche Enttäuschungen oder Ärger zu überwinden sowie Zufriedenheit und Gelassenheit zu finden.

Energie, die Bäuerinnen im Zusammenhang mit dem Gärtnern ausstrahlen, ist nicht auf die Arbeit im Garten und die Zeit, die im Garten verbracht wird, begrenzt. Vielmehr breitet sie sich auf Tätigkeiten außerhalb des Gartens, beispielsweise aufs Kochen, Einlagern und das Feiern von Festen, aus. Diese Freude wird geteilt, indem die Familie, Freunde, Bekannte, ja das ganze Dorf an der Schönheit der Gärten und ihrer Produkte über verschiedenste soziale Begegnungen (Reden, Tauschen, Verschenken) teilhaben können. All das lässt erkennen, dass die Bäuerinnen in ihren Gärten Wurzeln geschlagen haben, durch die über viele Jahre aus dem Garten Stärke und Kraft geschöpft wird. So wollen die meisten Gärtnerinnen, solange sie leben oder arbeiten können, einen Garten bewirtschaften.

Aber nicht nur das Verwurzeltsein mit einem Ort, sondern auch Offenheit ist bei den Bäuerinnen erkennbar. Dieser Offenheit sind die heute so vielfältigen Gärten zu verdanken. Die Kombination vieler alter und neuer Arten mit unterschiedlicher Nutzung, Heimat und Herkunft, verschiedenen Wachstumsrhythmen, vielfältigen Nutzungsmöglichkeiten und vielen Gestalten lässt so den Garten zu einer Insel der Vielfalt und des Wandels werden.

Die Artenanzahl hat sich in den Gärten Osttirols in den letzten Jahrzehnten verzehnfacht. In diesem Reichtum an neu dazugekommenen Arten auf kleinstem Raum kann es leicht passieren, dass eine Pflanzenart oder eine Sorte, die vielleicht über Jahrhunderte in der Region verwurzelt war, aus dem Garten verschwindet. Es darf nicht übersehen werden, dass ein Teil der regional angepassten Gartenflora dadurch bedroht ist und für immer verloren gehen könnte. Auch wenn eine Bäuerin immer wieder die ein oder andere bekannte Pflanzenart anbaut, kommen Pflanzmaterial oder Saatgut jedes Jahr in den meisten Fällen von großen Saatgutkonzernen aus anderen Ländern. Die Pflanzen können sich heute aufgrund der fehlenden Kontinuität des eigenen Saatgutnachbaus nicht an die Region anpassen.

In Osttirol werden nur mehr von wenigen Bäuerinnen traditionelle Arten und Lokalsorten vermehrt, gepflegt und genutzt. Zu diesen Arten haben diese Bäuerinnen eine starke emotionale Bindung, weil sie schon lange mit diesen Pflanzen gelebt haben. Vertrautheit wird durch die Geschichten, die die Bäuerinnen von diesen

Wer die Möglichkeit besitzt, einen Garten zu bewirtschaften, kann voller Stolz und Freude sein, ein Stückchen Kulturraum geschaffen zu haben (Virgen)

Pflanzen erzählen können, und die lokalen Namen, die sie dafür haben, ausgedrückt. Von diesen Pflanzen geht eine Kraft aus, die auch im Bewusstsein der Menschen eine besondere Rolle spielt. Dass *Gratscharuibn* (Herbstrübe), *Galondo* (Brotklee), *Oboraut* (Eberraute), *Lustick* (Liebstöckl), *Ontlassgietschn* (Margerite), *Ciprian* (Heiligenkraut) und *Nagl* (Nelke) genauso mit der Osttiroler Kultur zusammenhängen wie alte Gebäude, alte Bäume, Musikanten und die Schützen, ist diesen Bäuerinnen bewusst, sollte aber wieder von weit mehr Menschen wahrgenommen und berücksichtigt werden. Mit der lokalen Geschichte verknüpft ist auch so manche Pflanzenart, die auf der Roten Liste der gefährdeten Pflanzenarten Österreichs steht und in den Gärten noch einen Zufluchtsort gefunden hat.

Fraglich ist, wie lange die Gärten als Festungen, wo solche Arten Platz finden, noch aufrechterhalten werden können, ehe sie von der breiten Masse der Pflanzenarten gestürmt werden, die eben nicht mit der lokalen Geschichte verknüpft sind. Zu beobachten ist derzeit – auch in Osttirol – eine weltweite Vereinheitlichung der angebauten Kulturarten und -sorten. So werden sich die Gärten in Osttirol – wenn dafür nicht Bewusstsein entwickelt und behutsam gegengesteuert wird – vielleicht irgendwann nicht mehr von den Gärten anderer Regionen mit ähnlichem Klima, aber einer anderen Kultur unterscheiden lassen.

Erhalten nur um des Erhaltens willen ist aber nicht ausreichend. Erst durch die Nutzung und die Geschichten zu den Pflanzen entsteht ein Zusammenhang mit dem Leben der Menschen. Damit in Gegenwart und Zukunft an Traditionen angeknüpft werden kann und Pflanzen nach wie vor unsere Kultur prägen, müssen gerade die gefährdeten Pflanzen weiterhin kultiviert und in das Leben einbezogen werden.

Vergleicht man die Gärten von früher mit den heutigen Gärten, so wird deutlich, dass der Wandel in der Artenausstattung einhergeht mit einem Wandel in der Funktion des Gartens für Haus und Hof. Der verzierte Kräutergarten mit dem Schwerpunkt der Produktion auf Heil- und Gewürzkräuter von früher hat sich zu einem verzierten Gemüse-Kräutergarten mit dem Schwerpunkt auf Gemüse und Salat gewandelt. Bis in die 60er-Jahre wurden die notwendigen Lebensmittel auf Äckern rund um den Hof angebaut. In der Küche und Volksmedizin war man auf die Pflanzen aus dem Garten angewiesen und im Brauchtum spielten sie eine bedeutende Rolle. Diese Abhängigkeit vom Garten ist für viele Bäuerinnen zu einem Arbeitsausgleich durch den Garten von Haushalt, Stall und Feld geworden.

Solange es so leidenschaftliche Gärtnerinnen wie in Osttirol gibt, sind Gärten wohl nicht vom Untergang bedroht. Eher im Gegenteil. Gärten bekommen einen immer höheren Stellenwert und werden zumindest in nächster Zukunft nicht als Rasen-, Rosen- und Koniferen-Freizeitpark in die Geschichte Osttirols eingehen.

Das Wahrnehmen und das Weitergeben der Eigenheiten eines Gartens sowie der darin wachsenden Pflanzenarten und des damit verknüpften Wissens ist in der heutigen Zeit des rasanten und zum Teil nicht hinterfragten Wertewandels von besonderer Bedeutung. Die Gärten werden hoffentlich ihre Multifunktionalität erhalten und so zur gleichen Zeit sowohl lebende Vorratskammer, Apotheke für Mensch und Tier, Blumenladen, Nahversorger, Kinderspielplatz, Bindeglied zur Natur, sinngebender Arbeitsplatz, Verdienstquelle, Kreativwerkstatt, Kraftquelle, Naherholungsraum, Ort der Begegnung, Kulturgut, touristische Attraktion, Psychotherapeut, Partner des Umweltschutzes und vieles mehr bleiben.

Wenn Sie das nächste Mal in Ihren Garten oder den Ihrer Nachbarin blicken, dann sind Ihr Stolz und Ihre Freude gerechtfertigt. Sie blicken in Schätze aus dem Zusammenwirken von Kultur und Natur in lebendiger Tradition. Ein Nachdenken, Nachfragen und genaues Hinsehen kann in jedem Fall dazu beitragen, dass Gärten und Bäuerinnen die Wertschätzung erfahren, die ihnen zukommen sollte.

> *„Do Gorte isch fria oanfoch a wichtiges Ding giwesn, gleich as wia in Stolle die Viecha, as wia afn Ocka des Zeig, is Kräutagartl hot gemisst sein, selle war nicht wegzidenkn giwesn, va koan, sie hent olle afs Kräutagartl gstonn, wenn se ah nit giorbatet hont, weil die gewissn Dinge hent jo in Gorte, man het jo koane Kräuta gehob in da Kuchl und ah vir an Dokta. ... heint tuts nimma miaßn sein, obo a Freide ot man holt dechto. Fir an Solot und Schnittlach is heint a gireimt und eascht die Bischle hon i bsundos gearn. Oanfach die Freide aloane, wenns oame asou aufawochst, isch viel wert. Und noan isch man holt a viel zifriedener.“*

Dank

Ein Vergelt's Gott an die Bäuerinnen, ohne deren freundschaftliche, geduldige und interessierte Bereitschaft, ihr Wissen zu teilen, diese Arbeit nicht möglich gewesen wäre. Ihnen ist dieses Buch gewidmet.
Ein besonderer Dank gilt allen, die an dem Forschungsprojekt, das diesem Buch zugrunde liegt, mitorganisiert, mitgewirkt und dieses finanziert haben (BMLFUW, BMWV, Land Tirol). Mein Dank für die Mitfinanzierung der Erstausgabe dieses Buches gilt: Land Tirol (Abteilung Kultur), Maschinenring-Service, Landeslandwirtschaftskammer für Tirol, Verband der Tiroler Obst- und Gartenbauvereine – „Grünes Tirol“, Gemeinde Assling und Stadtgemeinde Lienz.
Danken möchte ich auch ganz herzlich Manfred Putz und Georg Gärtner für das fachkundige Lektorat und all jenen Personen, die viele wertvolle Anregungen zum Text dieses Buches gemacht haben, sowie dem Tyrolia-Verlag, für die Neuauflage des Buches.
Meiner Familie und der Familie meines Mannes gebührt großer Dank für die wohlwollende Unterstützung. Nicht zuletzt danke ich meinem Mann Christian R. Vogl. Er hat mich immer dann, wenn mir die Forschungsarbeit, dieses Buch, Haushalt und unsere Kinder zugleich Aufmerksamkeit abverlangt haben, liebevoll unterstützt und das Entstehen der Texte kritisch begleitet.

Anhang

Mundartausdrücke

Ausbiss ...... abgestorbener Teil einer Pflanze
Bean, Boan ...... Ackerbohne
Bischle ...... Blumen
Brechln ...... Knicken und Brechen des Flachsholzes
dageit ...... nicht ergiebig sein
dawearn ...... abwehren
doleidn ...... vertragen
Eabian ...... Kartoffeln
eichngetun ...... hineingetan
fiargean ...... vorbeigehen
Focke ...... Schwein
Fremme ...... Gäste, Fremde
Garchtle ...... Gärtchen
gel ...... (bestätigender Ausdruck)
gemurglt ...... gerieben
Giaßkondl ...... Gießkanne
Gietschn ...... Mädchen
gikragelt ...... gewürgt
gimeg ...... mögen, gemocht
ginui ...... genug
giweinlich ...... gewöhnlich
gleime ...... nah
gongin ...... gegangen
gschauart ...... hageln
gschmelzt ...... abschmelzen
Gschwischtrat ...... Geschwister
gsinta ...... gesünder
Haplan ...... Schafe
hegschtns ...... höchstens
Heimohd ...... Heumahd
heiratstamisch ...... sehnsüchtig nach Heirat
hoagl ...... heikel
hoam ...... nach Hause
Hoor ...... Lein
infrischn ...... einfrischen
ingsaant ...... eingesät
inverston ...... einverstanden
Krotza ...... Kratzer
Langis ...... Frühjahr
Loodn ...... Geschäft
Lustick ...... Liebstöckl, Maggikraut
mitgezaldercht ...... mitgenommen
Nachnte ...... in der Nähe
nemmt ...... niemand
ogiklaut ...... gepflückt
ogizupft ...... heruntergezupft
onehmend ...... abnehmend
orbatn ...... arbeiten
reidn ...... reden
Saugross ...... Einjähriges Rispengras (Unkraut)
Saumogn ...... Gewöhnliche Gänsedistel (Unkraut)
Scherm ...... Schirm
Schnittla ...... Schnittlauch
soflt ...... soviel
Solant ...... Salat
Solva ...... Salbei
Spritzer ...... Gießkanne
Steigile ...... schmale Wege zwischen den Beeten, Steig
Suum ...... Samen
Tille ...... Ackersenf (Unkraut)
Tonnignroase ...... Bauerngartenpfingstrose
umekaut ...... umfallen
umma ...... herum
ummanondo ...... herumkommen
ungsechn ...... angesehen
vanort ...... irgendwo
viarstreicht ...... vorbeistreichen
vranne ...... für welche
Weibischn ...... Frauen
worchtn ...... geworden
zeibascht ...... zu oberst
zuichn ...... dazu

Tabelle 1: Kultivierte Pflanzenarten, die sich schon 50 Jahre und länger (ein und dieselbe Pflanze) im Garten befinden.

Artname	*Deutscher Name*	*Anzahl der Hausgärten* in denen diese Art angebaut wird	davon > 50 Jahre im Garten
Paeonia officinalis ssp. officinalis	Pfingstrose, Bauerngarten-	73	9
Rosa centifolia	Rose, Hundertblättrige, Zentifolie	10	8
Armoracia rusticana	Kren, Meerrettich	42	6
Ribes rubrum	Ribisel, Rote Garten-Johannisbeere	80	6
Phlox paniculata	Phlox, Stauden-	108	5
Syringa vulgaris	Flieder, Gewöhnlicher	46	4
Artemisia abrotanum	Eberraute, Eberreis	26	3
Dicentra spectabilis	Herzlstaude, Tränendes Herz	73	3
Narcissus poeticus ssp. poeticus	Narzisse, Weiße, Dichternarzissen	28	3
Narcissus pseudonarcissus ssp. pseudonarcissus	Narzisse, Gelbe, Trompeten, Osterglocken	67	3
Phlox divaricata ssp. divaricata	Phlox	4	3
Primula sieboldii	Primel, Wiesen-	6	3
Pyrus communis	Birnbaum	5	3
Rheum rhabarbarum	Rhabarber	83	3
Achillea ptarmica	Schafgarbe, Sumpf-, Bertramgarbe, Schneeballilan	67	2
Aster novae-belgii	Aster, Glattblatt-	24	2
Iris germanica var. germanica	Schwertlilie, Haus-garten-, Bart-Iris-Gruppe	34	2
Levisticum officinale	Liebstöckl, Maggikraut	84	2
Lilium bulbiferum ssp. bulbiferum	Lilie, Feuer-	28	2
Mentha x gentilis	Minze, Kärntner Nudel-, Edel-	33	2
Nepeta cataria var. citriodora	Melisse, Zitronen-, Katzenminze	14	2

Primula denticulata	Primel, Kugel-	26	2
Prunus armeniaca	Marille	5	2
Rudbeckia laciniata var. laciniata	Sonnenhut, Schlitzblättriger, Bauerngarten-Goldball	23	2
Allium fistulosum	Zwiebel, Winter-, Schnitt-, Röhrenzwiebel	19	1
Allium schoenoprasum ssp. schoenoprasum	Schnittlauch, Hausgarten-	189	1
Althaea officinalis	Eibisch, Samtpappel	31	1
Asparagus officinalis	Spargel, Hausgarten-	17	1
Brunnera macrophylla	Kaukasusvergissmeinnicht	3	1
Centaurea cyanus	Kornblume	35	1
Convallaria majalis	Maiglöckchen	15	1
Dianthus barbatus	Nelke, Bart-	99	1
Dianthus plumarius	Nelke, Feder-	9	1
Forsythia x intermedia	Forsythie, Goldglöckchen	8	1
Malus domestica	Apfel, Kultur-	11	1
Melissa officinalis	Melisse, Zitronenmelisse	43	1
Mentha suaveolens var. crispa	Minze, Krause	6	1
Mentha x piperita var. piperita	Minze, Echte Pfeffer-	38	1
Primula elatior ssp. elatior	Himmelschlüssel, Große	17	1
Primula-Elatior-Hybriden	Himmelschlüssel	23	1
Prunus domestica ssp. domestica	Zwetschge	5	1
Prunus domestica ssp. italica	Pflaume, Rund-, Ringlotte	3	1
Ribes nigrum	Ribisel, Schwarze, Johannisbeere	47	1
Rosa x alba	Rose, Weiße	2	1
Rosa-Hybriden	Rose, Einmal blühende, Strauch-, Wild-, Hecken-	10	1
Rosa-Hybriden	Rose, Edel-	27	1
Salvia officinalis	Salbei, Hausgarten-, Edel-	66	1
Tanacetum parthenium	Mutterkraut, Wucherblume, Zierkamille	30	1
Tanacetum vulgare	Rainfarn	27	1
Viola odorata	Veilchen, Duftveilchen	6	1

Tabelle 2: In der Region schon über einen langen Zeitraum angebaute Pflanzenarten, die von einigen Bäuerinnen auch heute noch aktiv vermehrt werden. Dort, wo die Bäuerinnen diese Arten noch selbst nachbauen, kann angenommen werden, dass es sich um lokal angepasste alte Sorten handelt.

Artname	***Deutscher Name***	***Anzahl der Hausgärten***	
		die diese Art anbauen	davon > 50 Jahre im Garten
Achillea ptarmica	Schafgarbe, Sumpf-, Bertramgarbe, Schneeballilan	67	3
Allium cepa var. ascalonicum	Schalotte	10	2
Allium fistulosum	Zwiebel, Winter-, Schnittzwiebel	19	2
Allium sativum var. sativum	Knoblauch	28	7
Allium schoenoprasum ssp. schoenoprasum	Schnittlauch, Hausgarten-	189	104
Brassica napus ssp. rapifera	Rübe, Steck-, Wrucken, Tuschn	9	1
Brassica rapa ssp. rapa	Rübe, Stoppel-, Wasser-, Herbst-	16	12
Brassica oleracea ssp. oleracea convar. capitata	Weißkraut	135	1
Calendula officinalis	Ringelblume, Ringelrosen, Gartenringelblume	111	67
Callistephus chinensis	Aster, Hausgarten-, Sommeraster	85	5
Chamomilla recutita	Kamille, Echte	73	49
Convallaria majalis	Maiglöckchen	15	1
Dahlia-Hybriden	Dahlie, Hausgarten-, Georgine	72	10
Dianthus barbatus	Nelke, Bart-	99	57
Dianthus caryophyllus	Nelke, Hausgarten-, Landnelke	22	1
Lilium bulbiferum ssp. bulbiferum	Lilie, Feuer-	28	1

Mentha x gentilis	Minze, Kärntner Nudel-, Edel-	33	1
Mentha x piperita var. piperita	Minze, Echte Pfeffer-	38	1
Narcissus pseudonarcissus ssp. pseudonarcissus	Narzisse, Gelbe, Trompeten, Osterglocken	67	1
Paeonia officinalis ssp. officinalis	Pfingstrose, Bauerngarten-	73	2
Papaver somniferum ssp. somniferum	Mohn, Schlaf-	20	4
Pisum sativum ssp. sativum	Erbse	59	2
Phaseolus vulgaris ssp. vulgaris var. nanus	Buschbohne (verschiedene Sorten)	66	2
Phaseolus vulgaris ssp. vulgaris var. vulgaris	Stangenbohne (verschiedene Sorten)	16	2
Phlox paniculata	Phlox, Stauden-	108	2
Polemonium caeruleum var. caeruleum	Himmels-, Jakobsleiter, Sperrkraut	30	4
Solanum tuberosum	Erdäpfel, Kartoffel	38	13
Tanacetum parthenium	Mutterkraut, Wucherblume, Zierkamille	30	5
Trigonella caerulea	Klee, Brot-, Schabziger-, Zigeuner-	10	5
Verbascum densiflorum	Königskerze, Großblütige, Wollblume	3	1
Vicia faba	Bohne, Acker-, Sau-, Große	11	11

Tabelle 3: In der Region neue Pflanzenarten und -sorten, die von den Bäuerinnen aktiv vermehrt werden.

Artname	*Deutscher Name*	*Anzahl der Hausgärten* die diese Art anbauen	davon selbst nachgebaut
Adonis aestivalis	Adonisröschen	3	1
Agrostemma githago	Kornrade	3	1
Alcea rosea	Malve, Stock-, Stockrose	8	2
Allium ramosum	Knoblauch, Schnitt-	10	1
Allium x proliferum	Zwiebel, Luft-, Etagen-	2	1
Amaranthus caudatus	Amarant, Hausgarten-	9	2
Anethum graveolens var. hortorum	Dill, Hausgarten-	29	2
Anthemis tinctoria	Hundskamille, Färber-	3	3
Anthriscus cerefolium ssp. cerefolium var. sativus	Kerbel, Hausgarten-	3	2
Antirrhinum majus	Löwenmaul, Hausgarten-	56	3
Aquilegia vulgaris	Akelei	18	2
Aquilegia-Hybriden	Akelei-Hybriden	59	2
Argyranthemum frutescens	Margerite, Strauch-	9	2
Aurinia saxatilis	Steinkraut, Felsen-	10	1
Bellis perennis	Gänseblümchen	16	4
Borago officinalis	Borretsch	22	8
Campanula medium	Glockenblume, Marien-	13	5
Campanula persicifolia ssp. sessiliflora	Glockenblume, Pfirsichblatt-, Wald-	18	1
Carthamus tinctorius	Färberdistel, Saflor	3	1
Centaurea cyanus	Kornblume	35	7
Chamaemelum nobile	Kamille, Römische	2	1
Chelidonium majus	Schöllkraut	2	1
Chrysanthemum segetum	Wucherblume, Acker-	3	1
Clarkia amoena ssp. lindleyi	Sommerazalee, Atlasblume	17	2
Consolida ajacis	Rittersporn, Hausgarten-	1	1
Consolida regalis	Rittersporn, Einjähriger	8	2
Convolvulus tricolor	Winde, Pracht-	7	1
Cosmos bipinnatus	Schmuckkörbchen, Cosmee	29	12
Digitalis purpurea	Fingerhut, Roter, Hausgarten-	13	5
Dipsacus sylvestris	Karde, Wilde	1	1
Doronicum orientale	Gemswurz, Kaukasische	60	1
Eruca sativa ssp. sativa	Rucola, Rauke, Ölrauke	6	1
Eschscholzia californica	Kalifornischer Mohn	7	2
Fragaria vesca var. hortensis f. semperflorens	Erdbeere, Monats-	15	2
Fragaria x ananassa	Erdbeere, Hausgarten-, Ananas-	123	82
Freesia-Hybriden	Freesie	5	1

Gladiolus-Hybriden	Gladiolen	67	17
Helianthus annuus	Sonnenblume, Einjährige	36	2
Helianthus debilis ssp. debilis	Sonnenblume, Mehrblütige	9	1
Hemerocallis-Hybriden	Taglilie	25	1
Hesperis matronalis	Nachtviole, Gewöhnliche	1	1
Iberis umbellata	Schleifenblume, Doldige	12	6
Impatiens glandulifera	Springkraut	3	1
Lavatera trimestris	Malve, Hausgarten-, Becher-	26	2
Leucanthemum vulgare	Margerite, Wiesen-	12	2
Linaria maroccana	Leinkraut	4	1
Lunaria annua	Judaspfennig, Hausgarten-	11	5
Lupinus polyphyllus	Lupine, Stauden-	57	2
Lycopersicon esculentum	Tomate, Paradeiser	46	3
Lychnis coronaria	Nelke, Kranzlicht-, Vexiernelke	4	1
Lychnis viscaria ssp. viscaria	Nelke, Gewöhnliche Pech-	1	1
Lysimachia punctata	Gilbweiderich, Drüsiger	71	1
Malva sylvestris ssp. mauritiana	Malve, Mauretanische, Algiermalve	6	1
Matricaria perforata	Kamille, Geruchlose, Ruderal-	3	1
Melissa officinalis	Melisse, Zitronenmelisse	43	1
Mirabilis jalapa	Wunderblume	2	1
Myosotis sylvatica	Vergissmeinnicht, Wald-	20	4
Narcissus-Hybriden	Narzissen	61	1
Nigella damascena	Jungfer im Grünen	6	1
Onopordum acanthium	Distel, Esels-	1	1
Oxalis deppei	Sauerklee, Glücks-	2	1
Paeonia-Lactiflora-Hybriden	Pfingstrose, Edel-, Chinesische	80	1
Papaver nudicaule ssp. nudicaule	Mohn, Island-, Tiroler Frühlingsblume	26	4
Papaver rhoeas	Mohn, Klatsch-	6	3
Petroselinum crispum convar. radicosum	Petersilie	153	1
Physalis alkekengi var. franchetii	Lampionblume, Juden-, Blasenkirsche	6	2
Primula sieboldii	Primel, Wiesen-	6	1
Ribes rubrum	Ribisel, Rote Hausgarten-	80	3
Rubus idaeus	Himbeere	44	1
Salvia officinalis	Salbei, Hausgarten-, Edel-	66	1
Satureja hortensis	Bohnenkraut, Echtes	13	6
Schizanthus-Wisetonensis-Hybriden	Spaltblume	1	1
Silybum marianum	Distel, Marien-	2	1
Tagetes-Hybriden	Tagetes, Studentenblume	70	21
Tropaeolum majus	Kapuzinerkresse	26	5
Viola tricolor ssp. tricolor	Stiefmütterchen, Dreifarben-	11	6
Viola-Wittrockiana-Hybriden	Stiefmütterchen, Hausgarten-	47	10
Zinnia elegans	Zinnie	26	1

Liste der kultivierten Pflanzenarten in 196 Gärten

Deutscher Name	Artname
Adonisröschen, Sommerblutströpfchen	Adonis aestivalis
Ahorn, Spitz-	Acer platanoides
Akelei	Aquilegia vulgaris
Akelei-Hybriden	Aquilegia-Hybriden
Alant	Inula helenium
Almrose, Rhododendron	Rhododendron-Hybriden
Aloe	Aloe arborescens
Alpenveilchen	Cyclamen purpurascens
Alyssum, Duftsteinrich	Lobularia maritima
Ampfer, Garten-	Rumex patientia
Andorn, Mariennessel	Marrubium vulgare
Anemone, Frühlings-	Anemone blanda
Anemone, Garten-, Kronen-	Anemone coronaria
Anemone, Herbst-	Anemone-Japonica-Hybriden
Apfel, Kultur-	Malus domestica
Apfel, Zier-	Malus purpurea
Arnika	Arnica montana
Aster, Alpen-, Frühlingsaster „Bergaster“	Aster alpinus
Aster, Berg-, Sommeraster	Aster amellus
Aster, Feinstrahl-	Erigeron-Hybriden
Aster, Frühlings-	Aster tongolensis
Aster, Garten-, Sommeraster	Callistephus chinensis
Aster, Glattblatt- „Ollerheiligenbluime“	Aster novae-belgii
Aster, Gold-, Münze, Taler	Asteriscus maritimus
Aster, Kissen- „Oktouberreaslan, Ollerheiligenbischle“	Aster-Dumosus Hybriden
Aster, Raublatt-, Herbstaster „Herbströsl, Ollerheiligenrösl“	Aster novae-angliae
Aster, Schleier-, Herbstaster	Aster cordifolius
Astilbe, Prachtspiere „Wiftelen“	Astilbe-Arendsii-Hybriden
Aurikel, Alpen-, Platenigl, Speik	Primula auricula ssp. auricula
Aurikel, Garten-	Primula-Auricula-Hybriden
Baldrian, Gemeiner	Valeriana officinalis
Bartfaden	Penstemon-Hybriden
Basilikum	Ocimum basilicum
Begonie, Knollen-	Begonia-Knollenbegonien-Hybriden
Begonie, Schiefblatt, Eis-, Wachs-	Begonia-Semperflorens-Hybriden
Beifuß	Artemisia vulgaris
Beinwell	Symphytum officinale
Berberitze	Berberis thunbergii
Bergenie „Sauplotschn“	Bergenia-Hybriden

Deutscher Name	Artname
Bertram	Anacyclus sp.
Berufkraut, Kanadisches	Conyza canadensis
Birnbaum	Pyrus communis
Blasenfarn	Cystopteris fragilis agg.
Blaukissen	Aubrieta-Hybriden
Blaustern	Scilla siberica
Blaustern, Glocken-, Hasenglöckchen	Hyacinthoides hispanica
Blutweiderich, Gewöhnlicher	Lythrum salicaria
Bohne, Acker-, Sau-, Große, Dicke „Schollebuin, Been, Prägrotna Buin“	Vicia faba
Bohne, Busch-, Fisole „Strangilan“	Phaseolus vulgaris ssp. vulgaris var. nanus
Bohne, Feuer-, Prunkbohne	Phaseolus coccineus
Bohne, Stangen-, Fisole	Phaseolus vulgaris ssp. vulgaris var. vulgaris
Bohnenkraut, Echtes, Pfefferkraut „Gortenquendel“	Satureja hortensis
Bohnenkraut, Winter-	Satureja montana ssp. montana
Borretsch	Borago officinalis
Brennende Liebe	Lychnis chalcedonica
Brennnessel, Große	Urtica dioica
Brokkoli	Brassica oleracea ssp. oleracea convar. botrytis var. italica
Brombeere	Rubus fruticosus agg.
Buche, Hain-	Carpinus betulus
Buchsbaum	Buxus sempervirens var. sempervirens
Büschelschön	Phacelia tanacetifolia
Christrose, Schneerose	Helleborus-Hybriden
Christrose, Schwarze Nieswurz, Schneerose	Helleborus niger ssp. niger
Chrysantheme, Sommer-	Dendranthema-Grandiflorum-Hybriden
Chrysanthemen, Gärtner-, Herbst-, Winteraster, „Ollerheiligenbische, Herbschtreasl, Oktoberroase“	Dendranthema-Grandiflorum-Hybriden
Clematis	Clematis-Hybriden
Clivie	Clivia miniata
Cotoneaster, Mispelstrauch	Cotoneaster sp.
Currykraut	Helichrysum italicum
Dahlie, Garten-, Georgine „Gorginen, Gorgin“	Dahlia-Hybriden
Deutzie, Niedrige, Maiblumenstrauch	Deutzia gracilis
Dill, Garten-	Anethum graveolens var. hortorum

Deutscher Name	Artname
Distel, Esels-	Onopordum acanthium
Distel, Marien-	Silybum marianum
Donarsbart, Kurzhaar-	Jovibarba hirta
Drachenkopf	Dracocephalum moldavica
Drazäne	Dracaena marginata
Eberesche, Vogelbeere	Sorbus aucuparia ssp. aucuparia
Eberraute, Eberreis „Hoboraut, Oboraut, Weinkreitl, Schmecka, Gortenraute“	Artemisia abrotanum
Edelraute, Echte, Silberraute	Artemisia umbelliformis
Edelweiß	Leontopodium alpinum ssp. alpinum
Efeu	Hedera helix ssp. helix
Ehrenpreis, Blau-weiderich, Ähren-	Veronica spicata ssp. incana
Ehrenpreis, Groß-	Veronica teucrium
Ehrenpreis, Heide-, Ähren-, Blauweiderich	Veronica spicata ssp. spicata
Ehrenpreis, Langblatt-	Veronica longifolia
Eibe	Taxus baccata
Eibisch, Samtpappel	Althaea officinalis
Eiche, Stiel-	Quercus robur
Eisenhut, Blauer, Sturmhut „Teufelskerze“	Aconitum napellus (s. str.)
Eisenkraut	Verbena officinalis
Endivie, Breitblättrige, Winterendivie	Cichorium endivia var. latifolium
Endivie, Krause, Winter-	Cichorium endivia var. crispum
Endivie, Sommer-, Schnitt-, Kochsalat	Lactuca sativa convar. sativa var. longifolia
Engelstrompete	Datura suaveolens
Engelwurz, Echte	Angelica archangelica var. archangelica
Enzian, Frühlings- „Schuischtanagilan“	Gentiana verna
Enzian, Gelber	Gentiana lutea
Enzian, Schwalbenschwanz-	Gentiana asclepiadea
Enzian, Sommer-	Gentiana septemfida var. lagodechiana
Erbse „Orbase“	Pisum sativum ssp. sativum
Erdäpfel, Kartoffel „Eabian“	Solanum tuberosum
Erdbeere, Garten-, Ananas- „Roamba, Eaba“	Fragaria x ananassa
Erdbeere, Monats-	Fragaria vesca var. hortensis f. semperflorens

Deutscher Name	Artname
Erdbeere, Wald-	Fragaria vesca var. vesca
Erdkastanie, Knollenkümmel	Bunium bulbocastanum
Erika, Glockenheide	Erica-Hybriden
Esche	Fraxinus excelsior
Estragon	Artemisia dracunculus
Fackellilie	Kniphofia-Hybriden
Färberdistel, Saflor	Carthamus tinctorius
Farn, Gebirgs-, Frauen-	Athyrium distentifolium
Farn, Schild-	Polystichum aculeatum
Fenchel	Foeniculum vulgare
Fensterblatt	Monstera deliciosa
Fetthenne	Sedum kamtschaticum
Fetthenne, Felsen- „Berggross“	Sedum reflexum
Fetthenne, Kaukasus- „Stoangross“	Sedum spurium
Fetthenne, Purpur-, Rote	Sedum telephium ssp. telephium
Fetthenne, Rundblatt-	Sedum cauticola
Feuerdorn	Pyracantha coccinea
Fichte	Picea abies
Fichte, Stech-	Picea pungens
Fingerhut, Roter, Garten-	Digitalis purpurea
Fingerkraut, Rotes	Potentilla atrosanguinea
Fingerkrautstrauch	Potentilla fruticosa
Fleißiges Lieschen	Impatiens walleriana
Flieder, Gewöhnlicher	Syringa vulgaris
Flockenblume, Berg-	Centaurea montana
Flockenblume, Skabiosen-	Centaurea scabiosa
Flohknöterich	Polygonum persicaria
Forsythie, Goldglöckchen	Forsythia x intermedia
Frauenmantel „Frauinmantille“	Alchemilla xanthochlora
Freesie	Freesia-Hybriden
Fuchsie, Garten-	Fuchsia-Hybriden
Fuchsschwanz, Hängender, Garten-Fuchsschwanz „Rote Druzel“	Amaranthus caudatus
Fuchsschwanz, Rispen-, Blutroter	Amaranthus cruentus
Funkie, Herzlilie	Hosta-Hybriden
Gänseblümchen „Munatlan“	Bellis perennis
Gänsekresse, Kaukasus-	Arabis caucasica
Gauklerblume	Mimulus guttatus
Gedenkemein, Großes „Vergissmeinnicht“	Omphalodes verna
Geißbart	Aruncus dioicus var. dioicus
Geißblatt	Lonicera x tellmanniana
Gelenkblume	Physostegia virginiana

Deutscher Name	Artname
Gemswurz, Kaukasische, Frühlingsmargerite „Frühlingsmargrite, Goaß-bliamlan, Ochsnauge“	Doronicum orientale
Geranie, Pelargonie, Edelpelargonie „Gran“	Pelargonium-Hybriden
Gilbweiderich, Drüsiger, Tüpfelstern „Felberich, Gelbe Stearnlan“	Lysimachia punctata
Ginster, Besen-	Cytisus scoparius
Ginster, Roter, Rosenginster	Cytisus purpureus
Gladiole	Gladiolus-Hybriden
Glockenblume	Campanula poscharskyana
Glockenblume, Acker-, Rapunzel-	Campanula rapunculoides
Glockenblume, Borsten-	Campanula cervicaria
Glockenblume, Breitblättrige	Campanula latifolia
Glockenblume, Karpaten-	Campanula carpatica var. carpatica
Glockenblume, Knäuel-	Campanula glomerata
Glockenblume, Marien-, Garten-	Campanula medium
Glockenblume, Nesselblättrige	Campanula trachelium
Glockenblume, Pfirsichblatt-, Wald-	Campanula persicifolia ssp. sessiliflora
Glockenblume, Rasen-	Campanula cespitosa
Glockenblume, Scheuchzer-	Campanula scheuchzeri
Glockenblume, Wiesen-	Campanula patula ssp. patula
Goldblume	Chrysanthemum coronarium
Goldlack	Cheiranthus cheiri
Goldnessel, Silber-	Lamiastrum argentatum
Goldregen, Gewöhnlicher	Laburnum anagyroides
Goldrute-Hybriden	Solidago-Hybriden
Goldrute, Kanadische	Solidago canadensis
Grasnelke	Armeria maritima
Greiskraut	Ligularia przewalskii
Gundelrebe, Gundermann	Glechoma hederacea
Günsel, Kriechender	Ajuga reptans
Gurke	Cucumis sativus
Guter Heinrich	Chenopodium bonus-henricus
Habichtskraut, Orangerotes „Lattich“	Hieracium aurantiacum
Hainblume	Nemophila maculata
Hanf	Cannabis sativa ssp. sativa
Hartriegel	Cornus alba
Hartriegel, Gelbholziger	Cornus sericea
Haselnuss	Corylus avellana var. avellana

Deutscher Name	Artname
Hauswurz-Hybriden	Sempervivum-Hybriden
Heidelbeere, Garten-	Vaccinium corymbosum
Heiligenkraut „Ciprat, Ciprian“	Santolina chamaecyparissus ssp. chamaecyparissus
Herzblume, Farn-	Dicentra eximia
Herzgespann	Leonurus cardiaca
Herzlstaude, Tränendes Herz	Dicentra spectabilis
Himbeere	Rubus idaeus ssp. idaeus
Himmelschlüssel	Primula-Elatior-Hybriden
Himmelschlüssel, Arznei-, Wiesen-	Primula veris ssp. veris
Himmelschlüssel, Große	Primula elatior ssp. elatior
Himmelsleiter, Jakobsleiter, Sperrkraut „Josefsbluimen“	Polemonium caeruleum var. caeruleum
Himmelsröschen	Silene coeli-rosa
Hirtentäschel, Gewöhnliches	Capsella bursa-pastoris
Holler, Rot-	Sambucus racemosa
Holler, Schwarzer	Sambucus nigra
Hopfen, Gemeiner	Humulus lupulus
Hornkraut, Filziges	Cerastium tomentosum var. columnae
Hortensie, Garten-	Hydrangea paniculata
Hortensie, Zimmerhortensie	Hydrangea macrophylla
Hundskamille, Färber-	Anthemis tinctoria
Husarenknopf	Sanvitalia procumbens
Hyazinthe, Garten-	Hyacinthus orientalis
Immergrün, Großes	Vinca major
Immergrün, Kleines	Vinca minor
Inkalilie	Alstroemeria-Hybriden
Japanische Quitte „Dornbusch“	Choenomeles japonica
Jasmin, Falscher, Pfeifenstrauch	Philadelphus coronarius
Jelängerjelieber	Lonicera caprifolium
Johanniskraut	Hypericum perforatum
Jostabeeren „Jochn“	Ribes x nidigrolaria
Judaspfennig, Garten-Silberblatt „Tola“	Lunaria annua
Jungfer im Grünen, Schwarzkümmel „Gretl in der Staudn, Blaue Stearnlan“	Nigella damascena
Kaiserkrone „Stinkende Lilien“	Fritillaria imperialis
Kalifornischer Mohn, Schlafmützchen	Eschscholzia californica
Kamille, Echte	Chamomilla recutita

Deutscher Name	Artname
Kamille, Geruchlose Ruderal-	Matricaria perforata
Kamille, Römische	Chamaemelum nobile
Kapuzinerkresse	Tropaeolum majus
Karde, Wilde	Dipsacus sylvestris
Karfiol, Blumenkohl	Brassica oleracea ssp. oleracea convar. botrytis var. botrytis
Karotte, Gelbe Möhre, Gartenmöhre, Mohrrübe „Merlan, gele Ruibn“	Daucus carota ssp. sativus
Katzenminze	Nepeta grandiflora
Katzenminze, Echte	Nepeta cataria var. citriodora
Katzenpfötchen	Antennaria dioica var. borealis
Kaukasusvergissmeinnicht	Brunnera macrophylla
Kerbel, Garten-	Anthriscus cerefolium ssp. cerefolium
Kerbel, Wiesen-	Anthriscus sylvestris
Kiefer, Rotföhre	Pinus sylvestris
Kirsche, Süß-, Herz-	Prunus avium var. juliana
Kirsche, Zier-	Prunus serotina
Kiwi	Actinidia chinensis
Klee, Brot-, Schabziger-, Bisam-, Zigeuner- „Zigeunerkraut“	Trigonella caerulea
Knoblauch	Allium sativum var. sativum
Knoblauch, Schnitt-	Allium ramosum
Knoblauch, Schnitt-	Allium tuberosum
Knöterich	Polygonum affine
Knöterich, Spitzblättriger „Ziegenbort“	Reynoutria japonica var. compacta
Kohl, China-	Brassica rapa ssp. pekinensis
Kohl, Gemüse-, Wirsing, Welschkohl	Brassica oleracea ssp. oleracea convar. capitata var. sabauda
Kohl, Sprossen-, Rosenkohl	Brassica oleracea ssp. oleracea convar. fruticosa var. gemmifera
Kohlrabi, Kohlrüben I	Brassica oleracea ssp. oleracea convar. caulorapa var. gongylodes
Kokardenblume	Gaillardia aristata
Kokardenblume	Gaillardia-Hybriden
Königskerze	Verbascum olympicum
Königskerze, Großblütige, Wollblume „Himmelbrond“	Verbascum densiflorum
Königskerze, Himmelbrand	Verbascum phlomoides
Königskerze, Kleinblütige	Verbascum thapsus
Koriander	Coriandrum sativum

Deutscher Name	Artname
Kornblume „Roggebluimen“	Centaurea cyanus
Kornrade	Agrostemma githago
Kranzspiere	Stephanandra incisa
Kraut, Rot-, Blaukraut „Kabis“	Brassica oleracea ssp. oleracea convar. capitata var. capitata f. rubra
Kraut, Weiß- „Kabis, Kobis, Bauernkraut“	Brassica oleracea ssp. oleracea convar. capitata var. capitata f. alba
Kren, Meerrettich	Armoracia rusticana
Kresse, Garten-	Lepidium sativum
Kreuzkraut	Senecio bicolor
Kreuzkümmel	Cuminum cyminum
Krokus „Mengelstoanlan“	Crocus sp.
Kugeldistel	Echinops bannaticus
Kuhkraut	Vaccaria hispanica
Kümmel	Carum carvi
Kürbis, Garten-	Cucurbita pepo
Kürbis, Zier-	Cucurbita maxima
Lampionblume, Juden-, Blasenkirsche „Laternlan“	Physalis alkekengi var. franchetii
Latsche	Pinus mugo
Lauch, Gold-	Allium moly
Lauch, Zier-	Allium giganteum
Lavendel, Echter	Lavandula angustifolia ssp. angustifolia
Lavendel, Großer Speik	Lavandula latifolia
Leberbalsam	Ageratum houstonianum
Leberblümchen	Hepatica nobilis
Leimkraut, Kegel-	Silene conica
Leimkraut, Nachtblühendes	Silene noctiflora
Leimkraut, Nelken-, Gartenleimkraut, Morgenröschen	Silene armeria
Lein, Alpen-	Linum perenne ssp. alpinum
Lein, Blutroter	Linum grandiflorum
Lein, Saat-	Linum usitatissimum
Leindotter, Saat-	Camelina sativa
Leinkraut	Linaria maroccana
Leptospermum	Leptospermum-Hybriden
Lerchensporn, Gelber	Corydalis lutea
Levkoje	Matthiola incana
Lichtnelke, Rote „Tonza“	Silene dioica
Lichtnelke, Weiße	Silene latifolia ssp. alba
Liebstöckl, Maggikraut „Lustock, Luschkraut, Luschtik, Lotterkraut“	Levisticum officinale

Deutscher Name	Artname
Liguster	Ligustrum vulgare
Lilie „Tondoraosn“	Lilium-Hybriden
Lilie, Feuer- „Golge, Ockoraose, Feuerbrond“	Lilium bulbiferum ssp. bulbiferum
Lilie, Krokus-Feuer-	Lilium bulbiferum ssp. croceum
Lilie, Tiger-	Lilium lancifolium
Lilie, Türkenbund-	Lilium martagon
Lilie, Weiße, Madonnen-	Lilium candidum
Linde, Sommer-	Tilia platyphyllos
Linde, Winter-	Tilia cordata
Lobelie, Männertreu	Lobelia erinus
Löffelkraut	Cochlearia officinalis agg.
Löwenmaul, Garten-	Antirrhinum majus
Löwenzahn „Maibluime, Lugnere“	Taraxacum officinale agg.
Lungenkraut, Echtes „Hänsl und Gretl“	Pulmonaria officinalis
Lupine, Stauden-	Lupinus polyphyllus
Mädesüß	Filipendula ulmaria
Mahonie, Stechlaub „Stechlaab“	Mahonia aquifolium
Maiblumenstrauch	Deutzia-Hybriden
Maiglöckchen „Maiglegglan“	Convallaria majalis
Majoran	Origanum majorana
Majoran, Winter-, Falscher Stauden-	Origanum vulgare ssp. prismaticum
Malve, Garten-, Becher-	Lavatera trimestris
Malve, Mauretanische, Algiermalve	Malva sylvestris ssp. mauritiana
Malve, Moschus- „Jungfräulein“	Malva moschata
Malve, Rosen-, Sigmarskraut	Malva alcea
Malve, Stock-, Stockrose	Alcea rosea
Malve, Weg-, Kleine, Gewöhnliche „Kaaspappilan, Papilaskraut“	Malva neglecta
Malve, Weiße Doppel-	Sidalcea candida
Mandel, Zier-	Prunus glandulosa
Mangold, Blatt-	Beta vulgaris ssp. vulgaris convar. cicla var. cicla
Mannstreu, Alpen-, Alpendistel, Blaue Distel	Eryngium alpinum
Mannstreu, Flachblatt-	Eryngium planum
Margerite, Bunte	Tanacetum coccineum
Margerite, Fettwiesen-, Gewöhnliche „Ontlassgietschn“	Leucanthemum ircutianum
Margerite, Garten-	Leucanthemum-Maximum-Hybriden

Deutscher Name	Artname
Margerite, Oktober-	Leucanthemella serotina
Margerite, Strauch-, Balkonmargerite	Argyranthemum frutescens
Margerite, Wiesen-	Leucanthemum vulgare
Margerite, Zwerg-	Hymenostemma paludosum
Marille	Prunus armeniaca
Märzenbecher	Leucojum vernum
Mastkraut, Pfriemen-, Sternmoos	Sagina subulata
Mauerpfeffer, Blaugrüner	Sedum hispanicum
Mauerpfeffer, Scharfer	Sedum acre
Mauerpfeffer, Mild-	Sedum sexangulare
Mehlprimel	Primula farinosa
Melanzani, Aubergine	Solanum melongena
Melisse, Gold-, Indianernessel „Bienenbalsam“	Monarda-Hybriden
Melisse, Zitronenmelisse	Melissa officinalis
Milchstern, Dolden-, Stern von Betlehem	Ornithogalum umbellatum
Minze, Acker-	Mentha arvensis ssp. arvensis
Minze, Anis-, Anis-Ysop	Agastache foeniculum
Minze, Echte Pfeffer-	Mentha x piperita var. piperita
Minze, Grüne Krause	Mentha spicata var. crispa
Minze, Grüne, Ährenminze	Mentha spicata
Minze, Kärntner Nudel-, Edel- „Braune Minze“	Mentha x gentilis
Minze, Krause	Mentha suaveolens var. crispa
Minze, Polei-	Mentha pulegium
Minze, Quirl-	Mentha x verticillata s.str.
Minze, Ross-	Mentha longifolia
Minze, Rundblättrige, Apfelminze	Mentha suaveolens
Mittagsblume	Dorotheanthus bellidiformis
Mittagsgold, Gazanie	Gazania-Hybriden
Mohn, Island-, Tiroler Frühlingsblume „Ziermoge“	Papaver nudicaule ssp. nudicaule
Mohn, Klatsch-	Papaver rhoeas
Mohn, Schlaf- „Mogn, Guggl“	Papaver somniferum ssp. somniferum
Mohn, Türkischer	Papaver orientale
Mohngugga	
Montbretie	Crocosmia x crocosmiiflora
Muschelblume	Moluccella laevis
Mutterkraut, Wucherblume, Zierkamille	Tanacetum parthenium
Nachtkerze	Oenothera fruticosa

Deutscher Name	*Artname*
Nachtviole, Gewöhnliche	Hesperis matronalis
Narzisse, Gelbe, Trompeten, Osterglocken „Oaschtogloggn“	Narcissus pseudonarcissus ssp. pseudonarcissus
Narzisse, Weiße, Dichternarzissen, „Maireaslan“	Narcissus poeticus ssp. poeticus
Narzissen	Narcissus-Hybriden
Natternkopf	Echium plantagineum
Nelke, Bart- „Bergnagl, Firwittsnagilan, Stoannagl, Brennende Liebe, Mohdabischl, Zigeinanagilan, Buschnnagilan“	Dianthus barbatus
Nelke, Feder- „Bauernnagilan“	Dianthus plumarius
Nelke, Garten-, Landnelke „Nagilan“	Dianthus caryophyllus
Nelke, Gewöhnliche Pech- „Pechnagl“	Lychnis viscaria ssp. viscaria
Nelke, Heide- „Kuidrecknagilan“	Dianthus deltoides
Nelke, Kranzlicht-, Vexiernelke	Lychnis coronaria
Nelke, Pfingst-	Dianthus gratianopolitanus
Nelken, Chineser-, Kaiser-, Hedewigs- „Nagile, Stoannagile“	Dianthus chinensis
Nelkenwurz, Rote, Petersbart „Kinigeigl“	Geum-Hybriden
Oregano, Dost, Wilder Majoran „Wohlgemut“	Origanum vulgare ssp. vulgare
Oregano, Kreta-	Origanum sp.
Papierblume	Xeranthemum annuum
Papierknöpfchen, Sandimmortelle	Ammobium alatum
Paprika, Pfefferoni	Capsicum annuum
Pastinak	Pastinaca sativa
Perlblume, Silberimmortelle	Anaphalis margaritacea var. margaritacea
Petersilie, Blatt-, Gartenpetersilie	Petroselinum crispum convar. crispum
Petersilie, Knollen-, Wurzel-	Petroselinum crispum convar. radicosum
Petunie	Petunia-Hybriden
Pfaffenhütchen	Euonymus europaea
Pfingstrose, Bauerngarten- „Póppel, Tonnignroase, Antoniusroase“	Paeonia officinalis ssp. officinalis
Pfingstrose, Edel-, Chinesische „Liachte Tonnignroase“	Paeonia-Lactiflora-Hybriden

Deutscher Name	*Artname*
Pflaume, Rund-, Ringlotte	Prunus domestica ssp. italica
Phlox „Blaue Sternlan, Blaue Bliamlan“	Phlox divaricata ssp. divaricata
Phlox, Einjahrs-, Flammenblume	Phlox drummondii
Phlox, Polster-	Phlox subulata
Phlox, Stauden- „Flux“	Phlox paniculata
Pippau	Crepis rubra
Porree, Winterlauch, Breitlauch	Allium porrum var. porrum
Portulak	Portulaca oleracea ssp. sativa
Porzellanröschen	Lewisia-Hybriden
Prachtscharte	Liatris spicata
Primel, Kugel- „Kinigeiglan“	Primula denticulata
Primel, Mehl-	Primula rosea
Primel, Stängellose, Garten-, Kissenprimel „Gortenprimel, Rossprimel“	Primula vulgaris ssp. vulgaris
Primel, Teppich-, Kissen- „Rossprimel, Peterschlissl“	Primula-Juliae-Hybriden
Primel, Wiesen-	Primula sieboldii
Purpurglöckchen „Roate Glögglan“	Heuchera-Hybriden
Puschkinie	Puschkinia scilloides var. libanotica
Radieschen „Rettichlan, Rattachlan“	Raphanus sativus ssp. sativus
Rainfarn „Raffaelstaude“	Tanacetum vulgare
Ranunkelstrauch, Kerrie, Goldröschen	Kerria japonica
Resede, Garten-	Reseda odorata
Rettich, Schwarzer Winter-	Raphanus sativus ssp. niger var. niger
Rettich, Weißer Bier-	Raphanus sativus ssp. niger var. albus
Rhabarber	Rheum rhabarbarum
Ribisel, Rote Garten-Johannisbeere	Ribes rubrum
Ribisel, Schwarze, Johannisbeere	Ribes nigrum
Ringelblume, Kap-, Kapkörbchen	Dimorphotheca sinuata
Ringelblume, Madeira-	Calendula incana ssp. maderensis
Ringelblume, Ringelrosen, Gartenringelblume, „Stinkanndalen“	Calendula officinalis
Rittersporn, Einjähriger, Acker-, Sommer-	Consolida regalis

Deutscher Name	Artname
Rittersporn, Garten-	Consolida ajacis
Rittersporn, Garten-	Delphinium-Hybriden
Ritterstern, Amaryllis	Hippeastrum-Hybriden
Rohnen, Rote Rübe „Rhunlan, Rhun“	Beta vulgaris ssp. vulgaris var. vulgaris
Rohrglanzgras, Gestreiftes, Bandgras	Phalaris arundinacea var. picta
Rose, Beet-	Rosa-Hybriden
Rose, Bourbon-	Rosa x borboniana
Rose, Edel-	Rosa-Hybriden
Rose, Einmal blühende	Rosa-Hybriden
Rose, Hundertblättrige, Zentifolie, „Hundertjährige Rose“	Rosa centifolia
Rose, Kartoffel-	Rosa rugosa
Rose, Kletter-	Rosa-Hybriden
Rose, Weiße	Rosa x alba
Rose, Zwerg-	Rosa-Hybriden
Rosen, Busch-	Rosa-Hybriden
Rosmarin	Rosmarinus officinalis
Rotbuche	Fagus sylvatica ssp. sylvatica
Rübe, Steck-, Wrucken, Kohlrüben II, Tuschn „Kehl, Kuiruibn“	Brassica napus ssp. rapifera
Rübe, Stoppel-, Wasser-, Herbst- „Soachruibn, Herbischtruibn, Wossoruibn, Gratscharuibn, Ruibn“	Brassica rapa ssp. rapa
Rucola, Rauke, Ölrauke	Eruca sativa ssp. sativa
Rudbeckie, Schleier-Sonnenhut	Rudbeckia triloba
Runkeln, Futterrübe	Beta vulgaris ssp. vulgaris var. rapacea
Salat, Kopf-	Lactuca sativa convar. sativa var. capitata
Salat, Pflück-, Schnitt-	Lactuca sativa convar. sativa var. crispa
Salbei, Garten-, Edel- „Solvn“	Salvia officinalis
Salbei, Muskateller-	Salvia sclarea
Salbei, Scharlach-	Salvia coccinea
Salbei, Steppen-	Salvia nemorosa
Sanddorn	Hippophae rhamnoides
Sauerklee, Glücks-	Oxalis deppei
Schafgarbe, Bittere, Weiße, Steinraute, Weißer Speik	Achillea clavenae
Schafgarbe, Gelbe, Edelschafgarbe	Achillea filipendulina
Schafgarbe, Rote „Gochal“	Achillea millefolium

Deutscher Name	Artname
Schafgarbe, Sumpf-, Bertramgarbe „Josefnrösl, Petersbliamlan, Weiße Reaslan, Schneaballilan, Ewigkatlan“	Achillea ptarmica
Schalotte	Allium cepa var. ascalonicum
Schleierkraut, Einjähriges	Gypsophila elegans
Schleierkraut, Garten-, Riesen-, Frauenschleier	Gypsophila paniculata
Schleierkraut, Teppich-, Kriechendes Gipskraut	Gypsophila repens
Schleifenblume, Bittere	Iberis amara
Schleifenblume, Doldige „Schworzwoldmädl“	Iberis umbellata
Schleifenblume, Immergrüne	Iberis sempervirens
Schmuckkörbchen, Cosmee, Schmuckblume	Cosmos bipinnatus
Schneeball, Gemeiner	Viburnum opulus
Schneebeere „Weiße Ballilan“	Symphoricarpos albus var. laevigatus
Schneeglöckchen „Schneaglegglan“	Galanthus elwesii
Schneeglöckchen, Gewöhnliches	Galanthus nivalis
Schnittlauch, Alpen- „Bergschnittla“	Allium schoenoprasum ssp. alpinum
Schnittlauch, Garten- „Schnittla“	Allium schoenoprasum ssp. schoenoprasum
Schöllkraut „Warzenkraut“	Chelidonium majus
Schönauge, Mädchenauge	Coreopsis grandiflora
Schönauge, Mädchenauge	Coreopsis lanceolata
Schöngesicht	Coreopsis tinctoria
Schwarzwurzel, Spanische, Echte, Garten-	Scorzonera hispanica
Schwertlilie, Garten-, Bart-Iris-Gruppe „Aloisisbischle“	Iris germanica var. germanica
Schwertlilie, Iris	Iris-Hollandica-Hybriden
Schwertlilie, Sibirische	Iris sibirica
Schwertlilie, Sumpf-	Iris pseudacorus
Schwertlilie, Zwerg-	Iris-Pumila-Hybriden
Seidenpflanze, Papageienblume	Asclepias syriaca
Seifenkraut, Kleinblütiges	Saponaria ocymoides
Sellerie, Knollen-, Wurzel- „Zeller“	Apium graveolens var. rapaceum
Sellerie, Schnitt-	Apium graveolens var. secalinum
Silberregen	Fallopia aubertii
Sommerazalee, Atlasblume	Clarkia amoena
Sommerflieder	Buddleja davidii

Deutscher Name	Artname
Sonnenauge	Heliopsis helianthoides var. scabra
Sonnenblume, Einjährige	Helianthus annuus
Sonnenblume, Mehrblütige	Helianthus debilis ssp. debilis
Sonnenblume, Mehrjährige	Helianthus rigidus
Sonnenbraut, Herbst- „Gelbe Stearne“	Helenium-Hybriden
Sonnenflügel, Mangles-	Helipterum manglesii
Sonnenflügel, Rose-	Helipterum roseum
Sonnenhut, Einjähriger	Rudbeckia hirta var. hirta
Sonnenhut, Purpurroter	Echinacea purpurea
Sonnenhut, Schlitzblättriger, Bauerngarten-Goldball „Annarosn, -bischl, -staude, -strauch, Spitzentänzer“	Rudbeckia laciniata var. laciniata
Sonnenhut, Tiroler Hut, Goldsturm	Rudbeckia fulgida var. sullivantii
Sonnenröschen	Helianthemum-Hybriden
Spaltblume	Schizanthus-Wisetonensis-Hybriden
Spargel, Garten-	Asparagus officinalis
Spargel, Zier-	Asparagus densiflorus
Sperrkraut	Gilia capitata
Spiere, Japanische	Spiraea japonica var. glabra
Spierstrauch, Gelbfilziger	Spiraea tomentosa
Spierstrauch, Pracht-	Spiraea x vanhouttei
Spierstrauch, Weiden-	Spiraea salicifolia
Spinat	Spinacia oleracea
Springkraut „Tabakblüte“	Impatiens glandulifera
Stachelbeere, Garten- „Moischtn, Mainschgitzn“	Ribes uva-crispa var. sativum
Stechapfel, Weißer, Gemeiner	Datura stramonium
Steinbrech, Moos-	Saxifraga-Arendsii-Hybriden
Steinbrech, Rispen-	Saxifraga paniculata ssp. paniculata
Steinbrech, Schatten-, Nelkenwurz-	Saxifraga x geum
Steinkraut, Felsen-	Aurinia saxatilis
Stiefmütterchen, Dreifarben-, Wild-	Viola tricolor ssp. tricolor
Stiefmütterchen, Garten-	Viola-Wittrockiana-Hybriden
Stiefmütterchen, Gewöhnliches Acker-	Viola arvensis ssp. arvensis
Storchschnabel	Geranium sp.
Strandflieder	Goniolimon tataricum
Strandflieder, Einjähriger, Statice „Stralitzn“	Limonium sinuatum
Strandflieder, Meerlavendel	Psylliostachys suworowii

Deutscher Name	Artname
Strandflieder, Statice, Meerlavendel	Limonium latifolium
Strohblume, Garten- „Stroareaslan, Stroabliamlan“	Helichrysum bracteatum
Sumpfkresse, Wilde	Rorippa sylvestris
Tagetes, Studentenblume	Tagetes tenuifolia
Tagetes, Studentenblume	Tagetes-Hybriden
Taglilie	Hemerocallis-Hybriden
Tanne, Nordmanns-	Abies nordmanniana
Taubnessel, Gefleckte	Lamium maculatum
Taubnessel, Weiße	Lamium album
Thaibeere, Logan	Rubus loganobaccus
Thuje, Lebensbaum	Thuja occidentalis
Thymian, Echter, Gartenthymian	Thymus vulgaris
Thymian, Feld- „Quendel“	Thymus pulegioides ssp. chamaedris
Thymian, Zitronen-	Thymus x citriodorus
Tomate, Paradeiser	Lycopersicon esculentum var. esculentum
Topinampur, Erdbirne	Helianthus tuberosus
Tradeskantien, Garten-, Dreimasterblume, „Gottesauge“	Tradescantia-Andersoniana-Hybriden
Traubenhyazinthe, Straußhyazinthe	Muscari botryoides var. botryoides
Trollblume, Butterblume	Trollius-Hybriden
Trompetenspinne, Schönhäutchen	Hymenocallis amancaes
Trompetenzunge	Salpiglossis sinuata
Tulpe, Garten-	Tulipa-Hybriden
Veilchen	Viola riviniana
Veilchen, Wohlriechendes, Duftveilchen	Viola odorata
Vergissmeinnicht	Myosotis decumbens ssp. decumbens
Vergissmeinnicht, Wald-	Myosotis sylvatica
Vogerlsalat, Echter Feldsalat, Rapunzel	Valerianella locusta
Wacholder „Kranewitt“	Juniperus communis ssp. communis
Waldmeister	Galium odoratum
Wegerich, Breit-	Plantago major
Wegerich, Flohsame	Plantago psyllium
Wegerich, Hirschhorn-, Geweih-	Plantago coronopus
Wegerich, Spitz-	Plantago lanceolata
Weichsel, Baum-, Süß-	Prunus cerasus ssp. cerasus
Weichsel, Strauch-, Schattenmorelle	Prunus cerasus ssp. acida
Weide, Purpur-	Salix purpurea
Weide, Reif-	Salix daphnoides
Weide, Sal-	Salix caprea

Deutscher Name	*Artname*
Weide, Silber-, Trauer-	Salix alba ssp. vitellina „Tristis“
Weidenröschen, Berg-	Epilobium montanum
Weidenröschen, Drüsen-, Amerikanisches	Epilobium ciliatum
Weidenröschen, Schmalblatt-	Epilobium angustifolium
Weigelie	Weigela-Hybriden
Weihnachtsstern	Euphorbia pulcherrima
Wein, Wilder	Parthenocissus quinquefolia
Weinraute	Ruta graveolens
Weinrebe	Vitis vinifera ssp. vinifera
Wermut, Echter, Absinth „Mirbit, Wirmit“	Artemisia absinthium
Wicke, Garten-, Wohlriechende	Lathyrus odoratus
Wiesenknopf, Kleiner, Pimpinelle	Sanguisorba minor ssp. minor
Winde, Pracht-	Convolvulus tricolor
Winde, Prunk-	Ipomoea tricolor
Wolfsmilch, Gold-	Euphorbia polychroma
Wolfsmilch, Mandelblättrige	Euphorbia amygdaloides
Wucherblume, Acker-	Chrysanthemum segetum

Deutscher Name	*Artname*
Wucherblume, Kiel-	Chrysanthemum carinatum
Wunderblume	Mirabilis jalapa
Wurmfarn	Dryopteris filix-mas
Wurmfarn, Dunkler	Dryopteris dilatata
Ysop	Hyssopus officinalis ssp. officinalis
Ziest, Wolliger	Stachys byzantina
Zigeunerblume, Fransenschwertel	Sparaxis tricolor
Zimbelkraut	Cymbalaria muralis
Zimmerkalla	Zantedeschia aethiopica
Zinnie	Zinnia elegans
Zinnie, Schmalblättrige	Zinnia angustifolia
Zirbe, Zirbelkiefer,	Pinus cembra
Zucchini	Cucurbita pepo convar. giromontiina
Zuckerhut, Chicorée, Radicchio	Cichorium intybus var. foliosum
Zwetschge	Prunus domestica ssp. domestica
Zwiebel, Küchen-	Allium cepa var. cepa
Zwiebel, Luft-, Etagen-	Allium x proliferum
Zwiebel, Winter-, Schnittzwiebel, Röhrenzwiebel	Allium fistulosum

Liste der Unkrautarten in 196 Gärten

Deutscher Name	Artname
Amarant „Amara“	Amaranthus sp.
Amarant, Fuchsschwanz-, Stutzblatt-, Bleifarbiger	Amaranthus blitum
Ampfer, Stumpfblättriger „Lobasse, Voubass, Sauplotschn“	Rumex obtusifolius
Ampfer, Zwerg-, Sauer-	Rumex acetosella ssp. acetosella
Bärenklau, Gewöhnlicher	Heracleum sphondylium
Berufkraut, Kanadisches	Conyza canadensis
Bibernelle, Groß-	Pimpinella major
Bohnenkraut, Echtes, Pfefferkraut „Gortenquendel“	Satureja hortensis
Borretsch	Borago officinalis
Braunwurz, Knoten-	Scrophularia nodosa
Brennnessel, Große	Urtica dioica
Brennnessel, Kleine	Urtica urens
Brombeere, Auen-, Kratzbeere	Rubus caesius
Ehrenpreis, Acker-	Veronica agrestis
Ehrenpreis, Feld-	Veronica arvensis
Ehrenpreis, Gamander- „Kotzeneiglan“	Veronica chamaedrys
Ehrenpreis, Glanz-	Veronica polita
Ehrenpreise, Quendel-	Veronica serpyllifolia ssp. serpyllifolia
Erdrauch	Fumaria officinalis
Fingerkraut, Gänse- „Ansrine“	Potentilla anserina
Fingerkraut, Kriechendes	Potentilla reptans
Flughafer, Windhafer	Avena fatua
Franzosenkraut, Behaartes	Galinsoga ciliata
Franzosenkraut, Kleines	Galinsoga parviflora
Frauenmantel	Alchemilla sp.
Gänseblümchen „Munatlan“	Bellis perennis
Gänsedistel, Acker-	Sonchus arvensis
Gänsedistel, Gewöhnliche „Saumogn“	Sonchus oleraceus
Gänsedistel, Raue „Saumilachstingel“	Sonchus asper
Gänsefuß, Feigenblatt-	Chenopodium ficifolium
Gänsefuß, Graugrüner	Chenopodium glaucum
Gänsefuß, Sautod-	Chenopodium hybridum
Gänsefuß, Vielsamiger	Chenopodium polyspermum
Gänsefuß, Weißer „Molte“	Chenopodium album
Gerste, Vierzeilige, Vielzeilige Gerste	Hordeum vulgare convar. vulgare
Giersch, Zengerwurzn, Erdholler „Wossolaab, Kralfiaße, Ackermolch, Kitzalaab, Gaasfiaße, Huhnschritt, Hennprotzn“	Aegopodium podagraria
Goldrute, Kanadische	Solidago canadensis
Greiskraut, Gewöhnliches	Senecio vulgaris
Gundelrebe, Gundermann	Glechoma hederacea
Günsel, Kriechender	Ajuga reptans
Guter Heinrich	Chenopodium bonus-henricus
Hafer, Kultur-, Saat-	Avena sativa ssp. sativa
Hahnenfuß, Kriechender	Ranunculus repens
Hahnenfuß, Scharfer	Ranunculus acris
Hanf	Cannabis sativa ssp. sativa
Hederich	Raphanus raphanistrum
Hirtentäschel, Gewöhnliches	Capsella bursa-pastoris
Hohlzahn, Bunter	Galeopsis speciosa
Hohlzahn, Dorn-, Stechende Hanfnessel „Wilde bzw. Olte Buibn, Toan, Tuim“	Galeopsis tetrahit
Hornklee, Gewöhnlicher	Lotus corniculatus
Hornkraut, Knäuel-	Cerastium glomeratum
Kamille, Echte	Chamomilla recutita
Kamille, Strahlenlose	Matricaria matricarioides
Klee, Hopfen-, Gelb-	Medicago lupulina
Klee, Rot-, Wiesen-	Trifolium pratense
Klee, Weiß-	Trifolium repens
Klette, Große	Arctium lappa
Knaulgras „Schnelle“	Dactylis glomerata
Knöterich, Gew. Vogel- „Hansl auf'n Wege“	Polygonum aviculare
Knöterich, Gewöhnlicher Ampfer-	Persicaria lapathifolia ssp. lapathifolia
Knöterich, Grauer Ampfer-	Persicaria lapathifolia ssp. incana
Kohl, Rüben-, Rübsen „Stinkale“	Brassica rapa
Kuhkraut	Vaccaria hispanica
Labkraut, Kletten-, Klebkraut „Kleber, Wintach, Klewon, Klettn“	Galium aparine
Labkraut, Wiesen-	Galium mollugo
Lampionblume, Juden-, Blasenkirsche „Laternlan“	Physalis alkekengi var. franchetii

Deutscher Name	*Artname*
Leimkraut, Aufgeblasenes Pfnotscha	Silene vulgaris ssp. vulgaris
Lein, Saat-	Linum usitatissimum
Lichtnelke, Rote „Tonza“	Silene dioica
Lichtnelke, Weiße	Silene latifolia ssp. alba
Löwenzahn „Maibluime, Lugnere“	Taraxacum officinale agg.
Malve, Weg-, Kleine, Gewöhnliche „Kaaspappilan, Papilaskraut“	Malva neglecta
Mastkraut, Liegendes	Sagina procumbens
Mauerpfeffer, Weißer	Sedum album ssp. album
Meier, Acker-	Asperula arvensis
Melde, Ruten-, Spreizende Melde	Atriplex patula
Milzkraut	Chrysosplenium alternifolium
Minze, Acker-	Mentha arvensis ssp. arvensis
Minze, Quirl-	Mentha x verticillata s.str.
Mohn, Klatsch-	Papaver rhoeas
Nachtschatten, Schwarzer	Solanum nigrum
Nelkenwurz, Echte	Geum urbanum
Ochsenzunge, Acker-, Krummhals	Anchusa arvensis
Pastinak	Pastinaca sativa
Platterbse, Wiesen-, Gelbe	Lathyrus pratensis
Quecke, Acker- „Rinderwurzn“	Elymus repens
Quecke, Stech-	Elymus athericus
Rauke, Steif-	Sisymbrium strictissimum
Rauke, Weg-	Sisymbrium officinale
Reiherschnabel, Gewöhnlicher	Erodium cicutarium
Ringdistel, Weg-	Carduus acanthoides
Rispe, Einjahrs- „Fuißgross, Stöcklgross, -woose, Saugross, Punzwoose“	Poa annua
Rübsen, Öl-, Rübenkohl	Brassica rapa ssp. oleifera
Sandkraut, Quendel-	Arenaria serpyllifolia
Sauerklee, Aufrechter	Oxalis fontana
Sauerklee, Horn-	Oxalis corniculata
Schachtelhalm, Acker-	Equisetum arvense
Schafgarbe „Gochal“	Achillea millefolium
Schaumkraut, Viermänniges, Vielstängel-	Cardamine hirsuta
Schmalwand, Ackerkresse	Arabidopsis thaliana
Schöllkraut „Warzenkraut“	Chelidonium majus

Deutscher Name	*Artname*
Schwarznessel	Ballota nigra
Senf, Acker- „Tille, Hederich“	Sinapis arvensis
Spergel, Acker-	Spergula arvensis var. arvensis
Stiefmütterchen, Dreifarben-, Wild-	Viola tricolor ssp. tricolor
Stiefmütterchen, Gewöhnliches Acker-	Viola arvensis ssp. arvensis
Storchschnabel, Kleiner, Flaum	Geranium pusillum
Storchschnabel, Sibirischer	Geranium sibiricum
Storchschnabel, Stinkender, Ruprechtskraut „Fehnegregge“	Geranium robertianum
Täschelkraut, Acker-Heller- „Taschtlkraut, Klopf“	Thlaspi arvense
Taubnessel, Gefleckte	Lamium maculatum
Taubnessel, Kleine, Purpur-	Lamium purpureum
Taubnessel, Stängelumfassende	Lamium amplexicaule
Taubnessel, Weiße	Lamium album
Vergissmeinnicht, Acker-	Myosotis arvensis
Vergissmeinnicht, Wald-, Garten-	Myosotis sylvatica
Vogelmiere, Hühnerdarm „Kretscha, Kratscha, Hiadarme, Hiandoponze“	Stellaria media
Vogelsternmiere, Bleiche	Stellaria pallida
Wegerich, Breit-	Plantago major
Wegerich, Spitz-	Plantago lanceolata
Weidenröschen, Berg-	Epilobium montanum
Weidenröschen, Blasses, Rosenrotes	Epilobium roseum
Weidenröschen, Drüsen-, Amerikanisches	Epilobium ciliatum
Weidenröschen, Quirl-	Epilobium alpestre
Weidenröschen, Schmalblatt-	Epilobium angustifolium
Wein, Wilder	Parthenocissus quinquefolia
Wicke, Vogel- „Luzifersloato, Fitsch“	Vicia cracca
Wicke, Zaun-	Vicia sepium
Winde, Acker- Wintach	Convolvulus arvensis
Winde, Zaun-	Calystegia sepium
Windenknöterich, Kleiner	Fallopia convolvulus
Wolfsmilch, Garten-	Euphorbia peplus
Wolfsmilch, Sonnwend-	Euphorbia helioscopia

Literaturverzeichnis

Weiterführende Literatur

AMMANN, R. 1999: Der Zauber des Gartens und was er unserer Seele schenkt. Kösel-Verlag GmbH & Co., München.

ASHWORTH, S. 1993: Saatgutgewinnung im Hausgarten. Eigenverlag Arche Noah, Krems an der Donau.

BÄTZING, W. 1991: Die Alpen. Entstehung und Gefährdung einer europäischen Kulturlandschaft. Verlag C. H. Beck, München.

BIELSER, A. 1970: Bauernfamilien und Bauernhäuser in Hergiswil (LU). Haus und Leben, 6. Jg., Küsnacht.

BORTZ, J. & N. DÖRING 1995: Forschungsmethoden und Evaluation. 2. Auflage, Springer-Verlag, Berlin.

BRUN-HOOL, J. 1980: Zur Pflanzensoziologie schweizerischer Gärten. Phytocoenologia 7: 73–99. Stuttgart-Braunschweig.

CANESTRINI, M. 1987: Bauerngärten in Tirol und im Trentino. Arunda 21. Kulturzeitschrift aus Südtirol.

CONZE, F. C. 1961: Die bäuerlichen Blumengärten im Landkreis Coburg. Die Scholl. Beil. z. Neuen Presse 4: 5–23. Coburg.

ELLENBERG, H. 1986: Vegetation Mitteleuropas mit den Alpen in ökologischer Sicht. 4. Auflage. Ulmer, Stuttgart.

FISCHER-BENZON, R. v. 1894: Altdeutsche Gartenflora. Untersuchungen über die Nutzpflanzen des deutschen Mittelalters, ihre Wanderung und ihre Vorgeschichte im klassischen Altertum. Kiel/Leipzig.

FRANCK, G. 1991: Gesunder Garten durch Mischkultur. 8. Auflage. Südwest Verlag GmbH & Co. KG, München.

GEPP, J. 1995: Vertragsnaturschutz als Einkommensquelle für Bergbauern? Österreichisches Nationales Komitee der Internationalen Alpenschutzkommission (Hrsg.), Berglandwirtschaft im europäischen Kontext – Ausgedinge oder Hoffnungsträger?: 49–65. CIPRA Österreich.

GIRTLER, R. 1996: Sommergetreide. Vom Untergang der bäuerlichen Kultur. Böhlau Verlag, Wien.

GIRTLER, R. 1998: Methoden der qualitativen Sozialforschung: Anleitung zur Feldarbeit. 2. Auflage, Böhlau Verlag, Wien.

GORITSCHNIG, A. 1989: Beitrag zur Pflanzenwelt der Bauerngärten des östlichen Sattnitzgebietes in Kärnten. Graz, Univ., Dipl.-Arb.

HAUSER, A. 1976: Bauerngärten der Schweiz. Ursprünge, Entwicklung und Bedeutung. Artemis Verlag, Zürich und München.

HEINRICH, M. 1988: Sind die Alpen noch zu retten? Die Zerstörung eines Lebensraumes. Heyne Report Nr. 10/47. Wilhelm Heyne Verlag, München.

HEISTINGER, A. 2001: Die Saat der Bäuerinnen. Saatkunst und Kulturpflanzen in Südtirol. Ed. Löwenzahn, Innsbruck, Bozen.

HOELZL, K. 1869: Der Bauerngarten als künstliche Pflanzenformation. Separatabdruck aus dem Jahresbericht des Leopoldstädter Communal-Real- und Ober-Gymnasiums. Wien, gedruckt bei Josef Stöckholzer v. Hirschfeld. – Selbstverlag des Verfassers.

HOHENBERGER, E. 1990: Der Bauerngarten, bunte Pflanzenvielfalt harmonisch gestaltet. BLV, München.

INHETVEEN, H. 1994a: Die Landfrau und ihr Garten. Zur Soziologie der Hortikultur. Zeitschrift für Agrargeschichte und Agrarsoziologie, 42, Heft 1: 41–58.

INHETVEEN, H. 1994b: Hortikultur als Vorbild. Politische Ökologie, Sonderheft 6, Vorsorgendes Wirtschaften, München: 22–27.
INHETVEEN, H. & M. BLASCHE 1983: Frauen in der Kleinbäuerlichen Landwirtschaft. Westdeutscher Verlag, Opladen.
KUNDEGRABER, M. 1951: Der Bauerngarten der Steiermark. Unter besonderer Berücksichtigung der Heil- und Würzpflanzen. Inauguraldissertation an der Karl-Franzens-Universität Graz, Institut für Botanik.
KUCKUCK, H., G. KOKABE & G. WENZEL 1985: Grundzüge der Pflanzenzüchtung. 5. Auflage, Verlag de Gruyter, Berlin, New York.
KREUTER, M.-L. 1997: Der Bio-Garten: der praktische Ratgeber für den naturgemäßen Anbau von Gemüse, Obst und Blumen. 19. Aufl. BLV Verlagsgesellschaft mbH, München, Wien, Zürich.
LOHMEYER, W. 1981: Liste der schon vor 1900 in Bauerngärten der Gebiete beiderseits des Mittel- und südlichen Niederrheins kultivierten Pflanzen (mit 3 Gartenplänen). Aus Liebe zur Natur. Schriftenreihe der Stiftung z. Schutze gefährdeter Pflanzen 3: 109–131. Bonn.
MARZELL, H. 1937: Bauerngarten und Bauernpflanzen. Deutsches Volkstum. Haus und Siedlung im Wandel der Jahrtausende. Band 6: 125–154. Berlin und Leipzig.
MESSERLI, P. 1989: Mensch und Natur im alpinen Lebensraum: Risiken, Chancen, Perspektiven. Verlag Paul Haupt, Bern, Stuttgart.
MEYER-RENSCHHAUSEN, E. und A. HOLL (Hrsg.) 2000: Die Wiederkehr der Gärten. Studienverlag, Innsbruck.
MEYER-RENSCHHAUSEN, E., R. MÜLLER P. BECKER (Hrsg.) 2001: Die Gärten der Frauen – Zur sozialen Bedeutung von Kleinstlandwirtschaft in Stadt und Land weltweit, Centaurus Verlag, Herbolzheim, Deutschland.
MÜLLER, CH. 1998: Von der lokalen Ökonomie zum globalisierten Dorf: bäuerliche Überlebensstrategien zwischen Weltmarktintegration und Regionalisierung. Campus Verlag, Frankfurt/Main, New York.
NIKLFELD, H. & L. SCHRATT-EHRENDORFER 1999: Rote Liste gefährdeter Farn- und Blütenpflanzen (Pterido- und Spermatophyta) Österreichs. In: Niklfeld H. (Gesamtleitung): Rote Liste gefährdeter Pflanzen Österreichs (2. Auflage): 33–151. Grüne Reihe des Bundesministeriums für Umwelt, Jugend und Familie, Band 10.
NIKLFELD, H. 1999: Einführung zu den Roten Listen gefährdeter Pflanzen Österreichs. In: Niklfeld H. (Gesamtleitung): Rote Liste gefährdeter Pflanzen Österreichs (2. Auflage): 9–20. Grüne Reihe des Bundesministeriums für Umwelt, Jugend und Familie, Band 10.
PFAFF, W. 1927: Unsere heimatlichen Bauerngärten, bäuerlichen Fensterpflanzen und Dorffriedhöfe. Der Schlern. Monatsschrift für Heimat- u. Volkskunde: 101–137. Druck und Verlag: Verlags-Anstalt Vogelweider.
PLATZER, K. 1994: Biotoptypenkartierung der Gemeinde Thaur (Innsbruck-Umgebung) unter besonderer Berücksichtigung dörflicher Lebensräume. Diplomarbeit am Institut für Botanik der Leopold-Franzens-Universität Innsbruck.
RICHBERG, I. M. 1997: Altes Gärtnerwissen wieder entdeckt: naturgemäß und erfolgreich gärtnern mit dem Erfahrungsschatz vergangener Zeiten. 2., durchges. Aufl., BLV, München, Wien, Zürich.
SCHULMEYER-TORRES, D. 1994: Bauerngärten: Historische Entwicklung und Charakterisie-

rung des aktuellen Artenbestandes der ländlichen Hausgärten in West-Mitteleuropa anhand ökologischer und historisch-geographischer Merkmale; ein Beitrag zur Erforschung der Überreste des Bauerngartens. Logos-Verlag, Saarbrücken.

SILLER-GRIESSMAIR, B. & A. KOMPATSCHER-HOPPE 1989: Vielgeliebter Bauerngarten. 2. Auflage. Verlagsanstalt Athesia, Bozen.

STEINBERGER, B. 1994: Bauerngärten, traditionell und modern. Dt. Landwirtschaftsverlag, Berlin.

SULZBERGER, R. 1993: Bauerngärten. Gärtnern leicht und richtig. BLV, München, Wien.

THEISSL, U. 1994: Die Pflanzenwelt der oststeirischen Bauerngärten im Vergleich zur Gartenverordnung aus der Zeit Karls des Großen. Diplomarbeit an der Universität Graz.

TITZE, P. 1983: Das Pflanzenkleid des Dorfes – seine Gärten. Laufener Seminarbeiträge 1, 83/84, Dorfökologie: 29–55. Akademie für Naturschutz und Landschaftspflege. Laufen/Salzach.

TRINKL, E. 1991: Die Bauerngärten – mit Erhebung der Flora in den Bauerngärten der Gemeinde Ravelsbach/NÖ. Diplomarbeit an der Universität für Bodenkultur, Wien.

UNTERWEGER, W. D. & U. UNTERWEGER 1990: Das große Buch der Bauerngärten, mit praktischen Anleitungen zur Anlage und Pflege eines Bauerngartens. Verlag Stürtz, Würzburg.

VOGL, B. 1998: Hausgärten der Mayas: zwischen Tradition und Moderne. Brandes und Apsel, Frankfurt a. M., Wien.

VOGL, C. R. & B. VOGL-LUKASSER 2003: Lokales Wissen von Biobauern über ausgewählte Elemente der Agrarbiodiversität im Bezirk Lienz (Österreich): Zur Bedeutung, Anwendung und Weiterentwicklung ethnobiologischer Forschungsfragen und Methoden in der Forschung im Ökologischen Landbau. In: Freyer, B. (Hrsg.), Beiträge zur 7. Wissenschaftstagung zum Ökologischen Landbau „Ökologischer Landbau der Zukunft“. 24.–26. Februar in Wien, S. 403–406, Eigenverlag des Institutes für Ökologischen Landbau, Universität für Bodenkultur, Wien.

VOGL-LUKASSER, B. 2000: Studien zur funktionalen Bedeutung bäuerlicher Hausgärten in Osttirol basierend auf Artenzusammensetzung und ethnobotanischen Analysen. Dissertation am Institut für Ökologie und Naturschutz, Universität Wien.

VOGL-LUKASSER, B. & C. R. VOGL 2000: Hausgärten der Mayas im Tiefland von Chiapas. In: E. Meyer-Renschhausen und A. Holl (Hrsg.), Die Wiederkehr der Gärten. Studienverlag, Innsbruck: 179–195.

VOGL-LUKASSER, B., C. R. VOGL & H. BOLHAR-NORDENKAMPF 2001: Erscheinungsbild, Bedeutung und Artenzusammensetzung bäuerlicher Hausgärten in Osttirol (Österreich). In: Die Gärten der Frauen – Zur sozialen Bedeutung von Kleinstlandwirtschaft in Stadt und Land weltweit, E. Meyer-Renschhausen, R. Müller & P. Becker (Hrsg.), Centaurus Verlag, Herbolzheim, Deutschland. 276–286.

VOGL-LUKASSER, B., C. R. VOGL & H. BOLHAR-NORDENKAMPF 2002: The composition of Homegardens on small peasant farms in the Alpine regions of Osttirol (Austria) and their function in sustainable rural development. In: Stepp, J. R., Wyndham, F. S., and R. K. Zarger (Hrsg.). Ethnobiology and Biocultural Diversity. p. 648–659. University of Georgia Press; Athens, Georgia, USA.

VOGL-LUKASSER, B. & C. R. VOGL 2002: Ethnobotany as an Interdisciplinary Tool for the

Study of the Biocultural Management of Agrobiodiversity in Homegardens of Alpine Farmers in Eastern Tyrol, in: Interdisciplinary Mountain Research; Roberta Bottarin & Ulrike Tappeiner (Hrsg.), p. 264–273. Blackwell Science, London.

VOGL-LUKASSER, B. & C. R. VOGL 2002: Bäuerliche Hausgärten – Vielfalt im Kleinen, die sich stetig entwickelt. Ernte – Zeitschrift für Ökologie und Landwirtschaft, Nr. 02: 16–18.

WILLERDING, U. 1995: Gärten und Pflanzen des Mittelalters. Carroll-Spillecke, M. (Hrsg.), Der Garten von der Antike bis zum Mittelalter. Kulturgeschichte der antiken Welt. Band 57.

WIDMAYR-FALCONI, CH. 1994: Bauerngärten neu entdeckt. Hausgärten gestalten nach Vorbildern von einst. 6. Aufl., BLV, München, Wien.

WOPFNER, H. 1995: Das Bergbauernbuch. Von Arbeit und Leben des Tiroler Bergbauern. Bd. 1: Siedlungs- und Bevölkerungsgeschichte, Nikolaus Grass (Hrsg.), Innsbruck.

WOPFNER, H. 1997: Das Bergbauernbuch. Von Arbeit und Leben des Tiroler Bergbauern. Bd. 3: Wirtschaftliches Leben, Nikolaus Grass (Hrsg.), Innsbruck.

Der besondere Buchtipp

192 Seiten, über 250 farbige Abbildungen, Preis € 24.90
ISBN 978-3-7022-2748-7

Literaturverzeichnis für die Bestimmung der Pflanzenarten

BRESCHKE, J. 1996 : Sommerblumen: für Beet, Balkon und Terrasse. Niedernhausen/Ts., Falken.

FRANKE, W. 1992: Nutzpflanzenkunde, Nutzbare Gewächse der gemäßigten Breiten, Subtropen und Tropen. 5. Aufl., Thieme, Stuttgart, New York.

FISCHER, M. A. (Hrsg.) 1994: Exkursionsflora von Österreich: Bestimmungsbuch für alle in Österreich wildwachsenden sowie die wichtigsten kultivierten Gefäßpflanzen (Farnpflanzen und Samenpflanzen) mit Angaben über ihre Ökologie und Verbreitung. Ulmer, Stuttgart, Wien.

FITSCHEN, J. 1994: Gehölzflora: ein Buch zum Bestimmen der in Mitteleuropa wildwachsenden und angepflanzten Bäume und Sträucher. 10. Aufl. mit Früchteschlüssel / von Franz H. Meyer (Bearb.). Quelle und Meyer, Heidelberg, Wiesbaden.

GESSNER, O. 1974: Gift- und Arzneipflanzen von Mitteleuropa. 3. Aufl. Hrsg.: Orzechowski, Gerhard. Heidelberg, Carl Winter Universitätsverlag.

HANF, M. 1998: Farbatlas der Wildkräuter und Unkräuter. Bechtermünz Verlag.

HEGI, G. 1979: Illustrierte Flora von Mitteleuropa. Bd. 1–7. München.

HERBEL, D. 1992: Sommerblumen. Ulmer, Stuttgart.

HERTLE, B., P. KIERMEIER & M. NICKIG 1993: Gartenblumen. Gräfe und Unzer Verlag GmbH, München.

HEITZ, H. 1991: Balkon- und Kübelpflanzen. Gräfe und Unzer Verlag GmbH, München.

HOLZNER, W. 1981: Acker-Unkräuter. Bestimmung, Verbreitung, Biologie und Ökologie.

Leopold Stocker Verlag, Graz/Stuttgart.
HÖGER-ORTHNER, I. 1994: Vom Zauber der alten Rosen. 2. Aufl., Neuausg. München, BLV, Wien, Zürich.
KREUZER, J. 1986: Kreuzers Gartenpflanzen-Lexikon. Band 1–5. 6., verbesserte Aufl., Gartenbuchverlag.
LAMPE, G. F. 1980: Koniferen für den Hausgarten, Auswahl, Pflanzung, Pflege. Franckh, Stuttgart.
LIEBSTER, G. 1990: Warenkunde, Obst & Gemüse, Band 2. Morion Verlagsproduktion GmbH, Düsseldorf.
PAHLOW, M. 1993: Das große Buch der Heilpflanzen. Gräfe und Unzer Verlag GmbH, München.
PAREY, P. 1961: Pareys Blumengärtnerei, Beschreibung, Kultur und Verwendung der gesamten gärtnerischen Schmuckpflanzen. 2. Auflage in zwei Bänden und einem Indexband. Hrsg. Fritz Encke. Verlag Paul Parey, Berlin und Hamburg.
ROYAL HORTICULTURAL SOCIETY 1997: Gartenhandbuch Stauden. Aus dem Engl. von Reinhard Ferstl und Harda Kuwer. DuMont, Köln.
ROYAL HORTICULTURAL SOCIETY 1998: Sommerblumen: Einjährige und Zweijährige; mit mehr als 500 Beet- und Balkonpflanzen. Aus dem Engl. von Harda Kuwer und Reinhard Ferstl. DuMont, Köln.
ROTHMALER, W. 1991: Exkursionsflora von Deutschland: Band 3, Atlas der Gefäßpflanzen / hrsg. von Rudolf Schubert, Eckehart Jäger u. Klaus Werner. 8. Aufl., Volk und Wissen Verlag GmbH, Berlin.
TAYLOR, P. 1996: Die schönsten Zwiebel- und Knollenpflanzen für den Garten. Aus dem Engl. von Maria Gurlitt-Sartori. Ulmer, Stuttgart.
UNDERWOOD CROCKETT, J. & O. TANNER 1979. Der Kräutergarten. Nederland B.V., Time-Life International.
WEHRHAHN, H. R. 1937: Was wächst und blüht in meinem Garten? Blütenstauden und Sommerblumen. Tabellen zum Bestimmen von über 500 wichtigen Gartenpflanzen mit Kultur- und Verwendungsangaben. Franckische Verlagshandlung, Stuttgart.
ZANDER, R. 1994: Handwörterbuch der Pflanzennamen/Zander. 15. Aufl., Encke, F., G. Buchheim & S. Seybold (Bearb.). Ulmer Verlag, Stuttgart.

Die Autorin

DR. BRIGITTE VOGL-LUKASSER, Ethnobotanikerin an der Universität für Bodenkultur in Wien, ist auf einem Bergbauernhof in Assling/Osttirol aufgewachsen. Die Liebe zur bäuerlichen Lebenswelt ist für sie zum Beruf geworden. Zahlreiche Forschungsprojekte, Publikationen und Vorträge widmen sich der Tradition der Hausgärten im In- und Ausland. Die Autorin lebt in Osttirol, ist Mutter von zwei Kindern und Bergbäuerin, selbstverständlich mit eigenem Garten.

Herausgegeben in Zusammenarbeit mit „Grünes Tirol" –
Verband der Obst- und Gartenbauvereine

Bibliografische Information Der Deutschen Nationalbibliothek
Die Deutsche Nationalbibliothek verzeichnet diese Publikation in der Deutschen Nationalbibliografie; detaillierte bibliografische Daten sind im Internet über http://dnb.d-nb.de abrufbar.

2007

Umschlaggestaltung: Tyrolia-Verlag, unter Verwendung eines Bildes von Brigitte Vogl-Lukasser
Titelbild: Bäuerin aus Assling
Rückseite: links oben: Bäuerin aus Gaimberg beim Sortieren von Knoblauchzehen für den Anbau
rechts oben: Übern Zaun in den Garten g'schaut wird hier in Matrei
links unten: Bäuerin aus Gaimberg beim Herrichten des Gartens im Frühjahr
Bildnachweis: Alle Abbildungen stammen von Brigitte Vogl-Lukasser und Christian Vogl
Layout und digitale Gestaltung: Tyrolia-Verlag
Lithografie: Alpinadruck, Innsbruck
Druck und Bindung: Gorenjski-Tisk, Slowenien
ISBN 978-3-7022-2819-4
E-Mail: buchverlag@tyrolia.at
Internet: www.tyrolia.at